TRANS
BARCELONA
EXPRESS

HORS-SÉRIE

Sous la direction de Natalie Beunat

ISBN : 978-2-74-852548-9

25, avenue Pierre-de-Coubertin, 75013 Paris

Loi n° 49-956 du 16 juillet 1949
sur les publications destinées à la jeunesse,
modifiée par la loi n° 2011-525 du 17 mai 2011.

Mise en pages : DV Arts Graphiques à La Rochelle
Dépôt légal : juin 2018

HÉLÈNE COUTURIER

TRANS BARCELONA EXPRESS

SYROS

Cette histoire n'aurait pas été écrite exactement de la même façon, sans la présence de Carla Louise, Zoé Rose, Mariano et la Jaus de Barcelona, Clara Camino de Madrid, Véronique de Paris, et JD de Montpellier ! Con un agradecimiento especial a Stephane para el titulo !

Callar y quemarse es el castigo más grande que nos podemos echar encima.

« Se taire et brûler de l'intérieur est la pire des punitions qu'on puisse s'infliger. »

Bodas de sangre, Federico García Lorca.

1.

Pourquoi préparer une valise peut être aussi compliqué et pourquoi, quand elle est enfin terminée, refuse-t-elle de se fermer ?

J'ai poussé de toutes mes forces. Je me suis assise dessus. J'ai même été jusqu'à me coucher sur elle. En vain. Les deux parties refusaient de se réunir, hurlant qu'elles n'étaient pas extensibles. Les muscles de mes bras ont fini par lâcher. La valise s'est brusquement ouverte, comme un accordéon.

Avec un certain optimisme – je suis optimiste, malgré ce que ma mère pense –, j'ai plié et replié tout le contenu dans l'espoir que ça y changerait quelque chose mais ça n'a rien fait du tout. Ma valise est restée grande ouverte et je suis restée devant elle à m'interroger sur la suite des opérations. Pas une seule seconde je n'ai pensé que c'était un de ces signes prémonitoires qui ricanent à votre oreille : « Ma fille, si tu crois que ces vacances vont être cool ! Tu te trompes ! Elles te réservent des surprises et, à côté de celles-ci, enlever deux débardeurs et choisir la tong verte à fleurs jaunes plutôt que la tong bleue à rayures roses est un jeu d'enfant et même pas d'ado ! »

Sur le coup, j'ai juste décidé d'envoyer de bonnes ondes à ma valise toujours grande ouverte : « Ferme-toi, valise, ferme-toi, pour l'amour de moi ! » Mais ma valise ne m'entendait pas. Son contenu était trop volumineux pour son contenant : un point, c'est tout !

J'ai donc enlevé une paire de tongs pailletées, puis un lait pour le corps (mon péché mignon, comme disent les vieux, j'adore m'enduire de tas de crèmes, avec une préférence pour les senteurs coco, fleur de tiaré et fruits de la passion), mais ça n'a rien changé.

Une idée lumineuse m'a alors traversée : refiler quelques vêtements à ma mère. La porte de sa chambre était fermée. Elle avait posé sur la poignée un de ces accroche-portes d'hôtel qu'elle collectionne. Celui du jour était :

Not now. My ego needs a rest.

(do not disturb)

Soit maman faisait la sieste, soit elle était en méditation. Vu l'horaire, dans les 19 heures, je penchais plutôt pour la méditation.

J'ai pris soin de ne pas faire de bruit pour ne pas l'agacer inutilement, puisque j'avais un service à lui demander, et j'ai attendu. Quand je l'ai entendue aller dans la salle de bains, je l'ai rejointe. Elle était en train de s'observer dans la glace et soupirait :

– T'as vu comme je suis grasse !

Elle avait certes pris un peu de poids ces derniers temps mais je ne voulais pas la mettre de mauvaise humeur en lui révélant le fond de ma pensée : qu'à son âge, en plus, j'avais entendu dire que tout ce qu'on prend on ne le perd plus !

– Mais non, maman !

– Mais si ! Tu vois bien, je fais grosse vache, elle a répliqué en pinçant un léger bourrelet au niveau de la taille.

– Non, je t'assuuure !

– Nina, t'es aveugle ou quoi ?

Elle s'énervait toute seule. Je devais confirmer ou continuer d'infirmer ce qu'elle était en train d'affirmer ?

– Je fais super attention, c'est injuste.

En effet, ma mère n'est pas du genre à tomber dans un sachet d'oursons ou de crocodiles en gélatine. De toute façon, il n'y en a pas à la maison et depuis qu'elle a expliqué à Garance, ma petite sœur, que certaines de ces sucreries sont fabriquées à base de graisse de porc, eh bien même Garance n'en veut plus pour les anniversaires. Garance adooore tous les animaux, même les poules elle leur fait des bisous, alors utiliser des cochons pour en faire des bonbons, elle trouve ça horrible !

– Ça y est, Nina, j'ai l'âge où le corps te lâche, t'as beau faire, c'est inéluctable, tout descend, se ramollit et s'affaisse !

– Mais non...

– C'est la fin, la fin...

De toute façon, que je confirme ou infirme, elle ne m'entendait pas.

– J'ai la sensation d'avoir été gonflée à la pompe à vélo. Je suis une chambre à air à la fois flasque et trop pleine.

Je savais vraiment pas quoi dire. Elle est remontée sur la balance. Je l'ai entendue soupirer bruyamment.

– J'en étais sûre, j'ai quasiment pris un kilo depuis hier ! Ça me déprime totalement !

En parlant de kilos et de gonflée, j'ai pensé à ma valise.

– Mais non maman, tu n'as pas grossi, c'est parce que c'est le soir, pèse-toi le matin, il paraît qu'on maigrit en dormant.

Ça n'a pas eu l'air de la convaincre.

– J'ai fait un excès hier à l'apéro, j'ai pris une bière et quelques chips, et voilà, dès le lendemain, je le paye !

Depuis quelques années, quand Val (ma mère s'appelle en réalité Valentine, mais elle préfère son diminutif) boit du vin ou de la bière, ils sont issus de l'agriculture biologique ou biodynamique. Mais bon, alcool bio ou pas, ça n'enlève pas les calories ! Quant aux chips végétales, *idem*. Elles sont cuites dans de l'huile, sinon ce ne serait pas des chips, et même si c'est de l'huile de coco bio, ça reste du gras.

– N'exagère pas, maman, je t'assure !

Elle est retournée dans sa chambre.

Je l'ai suivie.

– Maman, tu pourrais me prendre un ou deux trucs dans ta valise, s'il te plaît ?

– Non chérie, je ne peux pas.

J'ai regardé sa valise déjà quasi bouclée, une valise qui pouvait largement accueillir quelques affaires supplémentaires.

– T'as plein de place !

– Plein, Nina, n'exagère pas, il m'en reste un peu que je garde pour rapporter des souvenirs, donc, désolée, mais je ne peux pas parce que si je te les prends à l'aller, faudra forcément que je te les prenne au retour.

– C'est pas cool, maman !

Elle a eu un soupir d'agacement digne d'une adolescente incomprise. C'est son air préféré. C'est moi l'ado mais c'est elle qui soupire en levant les yeux au ciel, ce qui fait dire à ma mamie que sa fille n'est jamais réellement entrée dans l'âge adulte.

– C'est fou, Nina, tu es incapable de respecter un cadre !

Je suis sortie de sa chambre.

Direction : celle de ma petite sœur.

– Dis-moi, Garance, tu pourrais prendre ma trousse de toilette dans ta valise, s'il te plaît ?

– Désolée, Nina, j'ai pas la place.

J'ai regardé sa valise : elle était grande ouverte et très clairement on aurait pu encore y caser le quart de mes affaires.

– Mais enfin, t'en as justement trop, regarde !

– C'est fait exprès. Je n'ai pas pris tout ce que je voulais prendre pour avoir la place de rapporter des souvenirs et donc si je te les prends maintenant comment je fais après ?

C'était de famille ou quoi, cette volonté de laisser de la place à l'aller pour les souvenirs du retour ?

Sauf que moi je n'avais pas hérité du gène « souvenirs » !

Je suis ressortie, agacée, et je suis retournée voir Val dans sa chambre, avec sa valise qui me faisait de l'œil !

Ma mère était encore à la recherche de nouveaux bourrelets et comme elle s'était plantée devant son large miroir triptyque, elle avait accès à toutes ses faces en vision panoramique. Ce n'était donc pas le meilleur moment pour insister, mais on partait le lendemain et elle n'allait pas en une nuit (même si elle dormait beaucoup) perdre deux kilos.

– Okay, maman, puisque tu ne peux rien me prendre dans TA valise et que Garance ne peut rien me prendre dans SA valise parce que comme toi elle a décidé de dévaliser les boutiques d'éventails et de castagnettes, je pourrais, s'il te plaît, avoir une valise plus grande ?

– Non. Tu ne peux pas. Je t'ai donné une valise de taille moyenne pour que tu ne maltraites pas ton dos quand il y a des escaliers et que tu dois porter TA valise ! Et maintenant tu ME demandes de te porter ce que TU ne parviens pas à ranger dans TA valise pour que moi je maltraite MON dos et quand je te dis NON tu es prête à bousiller TON dos, eh bien c'est encore NON ! Tu fais du tri ! Je suis certaine que tu as encore pris trois paires de tongs !

– Je ne vais pas juste prendre une paire de tongs ou un seul vernis à ongles...

– Qu'est-ce que tu peux être superficielle, Nina !

Avec sa graisse, elle n'était pas superficielle, peut-être ? Mais bon, valait mieux que je trouve autre chose si je voulais la faire fléchir dans le bon sens : le mien.

– Maman, excuse-moi, mais non, je ne me trouve pas superficielle parce que, si je n'arrive pas à fermer ma valise, ce n'est pas seulement parce que j'ai effectivement pris trois paires de tongs mais parce que j'ai prévu de vraies chaussures de marche qui tiennent bien la cheville.

Net étonnement dans le regard ? Très net.

J'ai croisé les doigts pour qu'elle n'aille pas vérifier, parce que c'était évidemment faux.

– Qu'est-ce qui t'arrive ?

Elle était si stupéfaite qu'elle n'a même pas pensé à aller voir. C'était tellement pas moi, les chaussures de marche !

– C'est pour que tu ne me reproches pas de ne pas avoir pris de chaussures de randonnée !

– Nina, c'est une belle initiative, mais on ne part pas en Espagne pour faire de la randonnée, c'est un séjour plutôt farniente. Une bonne paire de baskets sera suffisante.

– J'ai envie de garder de bonnes chaussures de marche.

– C'est ton problème, Nina. Ce n'est pas parce que TU as pris ces chaussures que je dois, MOI, en subir les conséquences ou que TON dos doit en subir les conséquences, vu déjà tous les problèmes qu'il a.

J'ai grandi trop vite et maintenant je fais du surplace et j'ai tout le temps mal au dos.

Je suis sortie de la chambre en concluant :

– Même si, après les éventails et les castagnettes, il te reste encore de la place dans TA valise, un conseil, oublie les churros et le touron, parce que c’est vrai que t’as un peu pris !

2.

Le lendemain, même si j'avais dû retirer quelques affaires de ma valise, j'étais d'excellente humeur.

Ce départ en Espagne, je l'attendais plus que tout. Très clairement je me fichais de la destination. Cela aurait pu être le Royaume-Uni, ou l'Italie, ou le Danemark, ou la Corée du Nord. Non, quand même pas la Corée du Nord!

En revanche, ce dont je ne me fichais pas du tout, c'était la personne que j'allais retrouver en Espagne: Jésus.

Je sais, la première fois le prénom génère une impression de ridicule absolu. On se dit que des parents n'ont pas osé faire ça à leur enfant, que cela aurait dû être interdit par la loi, comme le priver de nourriture. Lors de notre rencontre, quand il s'est présenté, j'ai cru à une plaisanterie et failli lui rétorquer: « Et ton père, il s'appelle Joseph ? » Mais bon, même s'il habite Bruxelles, Jésus est espagnol et en Espagne Jesús (l'accent passe alors du « e » au « u ») ne sonne pas du tout pareil qu'en France.

Et puis quand on connaît Pilar, la mère, on comprend que ce n'était pas malintentionné.

Pilar a eu Jésus dans sa période chrétienne, puis Zaouïa, la petite sœur, dans sa période musulmane soufie. Aujourd'hui elle est très portée sur l'hindouisme. Je suppose que si elle avait un troisième enfant, elle l'appellerait Shiva !

Jésus et moi, on s'est rencontrés dans un ashram en Inde il y a quatre mois. Sa mère et la mienne sont passionnées par le yoga / méditation / Feng Shui /soja / céréales complètes / légumes et légumineuses. Rien qu'en pensant à leur régime alimentaire, j'ai envie de mordre dans un cheeseburger et de boire un soda bien coloré avec tout plein de faux sucre chimique et un peu de graisse de porc en additif !

Au départ, entre Jésus et moi, ça a été un peu tendu. Je supportais pas son côté premier de la classe. Il est capable de calculer aussi vite qu'une machine et il sait tout un tas de trucs qui ne m'intéressent pas du tout. Un peu comme ma mère. Mais lui et moi avions fini par nous rapprocher. Il faut dire que dans l'ashram il n'y avait pas trop de concurrence. Nous étions les deux uniques représentants de la tranche des douze-dix-huit ans. Pendant ces quinze jours, nous nous étions tellement rapprochés et j'aimais tellement sa présence que j'avais commencé à m'interroger.

Uniquement de l'amitié entre nous ?

Je n'avais pas trouvé de réponse mais au moment du départ, sur le quai de la gare, il y avait eu, en plus du gros câlin d'ami, un baiser rapide (ma mère aurait dit « furtif » car elle adore me rappeler que le vocabulaire ne se limite pas à cinq cents mots !) qui ressemblait à celui que peuvent échanger des gens qui ne sont pas qu'amis !

D'abord son souffle dans mon cou, ensuite un gros bisou sur ma joue avant de plaquer ses lèvres sur les miennes. Rapidement, furtivement. Bouche fermée, pas entrouverte. Nous manquions de temps. Garance m'avait hurlé de monter, le train allait partir, elle avait peur de me perdre. Moi aussi j'avais eu peur de me retrouver seule parmi ces milliers de valises, de saris, de singes et de vaches sacrées. Jésus avait bafouillé un « tu me manques déjà », et moi j'avais répondu par un très poétique « toi aussi ». J'étais montée dans le train. Il avait continué de m'envoyer des *I miss you* qu'il écrivait parfois en version espagnole, *te echo de menos* (au moins j'avais appris un truc en espagnol). J'avais cogité. Beaucoup. Trop. Il entendait quoi au juste par *I miss you* ? Je voulais qu'il soit plus clair, qu'il ajoute un indice quant à ce furtif baiser sur la bouche sur le quai de la gare.

Comme ça ne venait pas, j'avais après beaucoup d'hésitations osé rajouter dans un élan de courage absolu : Je crois que tu me manques et pas seulement comme ami. Il m'avait répondu : Pareil pour moi. Puis nos échanges avaient repris sur le ton de l'amitié.

Rien de plus et rien de moins.

Nous étions contents de nous retrouver pour ces vacances. Nous étions avant tout des amis. Je devais conserver la tête froide. Surtout ne pas me mettre à délirer (comme certaines de mes copines) pour un mot, une phrase ou un baiser furtif. OK, mais il fallait quand même que je sois préparée si jamais la relation s'aventurait hors du cadre « amitié »... Surtout ne pas imiter mon amie Alice.

Depuis des mois, Alice rêvait d'un garçon qu'elle trouvait magnifique et quand enfin, au mois de mai, il était venu vers elle avec la question fatidique mais non moins cruciale : « Est-ce que tu veux sortir avec moi ? » elle lui avait répondu :

– Désolée, je n'ai pas le temps, je dois réviser mon brevet !

Oui. Je sais. C'était délirant mais bien réel ! Du Alice dans toute sa splendeur ! Elle avait été tellement déstabilisée par sa question, tellement incapable d'imaginer que ce garçon-là s'intéresse à elle qu'elle n'était pas parvenue à articuler autre chose et sur le même ton que si elle devait passer le concours d'entrée d'une grande école !

Alice et moi on manque trop de confiance en nous et parfois ça nous fait faire le contraire de ce qu'on veut mais bon, quand même, cette fois-là, quand elle m'a raconté la scène, je me suis brièvement demandé si elle n'était pas un peu retardée sur les situations essentielles de la vie. Ce qui me rassure, c'est que Elsa, Salomé et Nora se sont fait la même réflexion et on lui a fait jurer de ne jamais recommencer ! Elle a juré mais pas craché. Donc pas gagné pour le prochain !

Mon but avec Jésus : rester son amie avant tout mais réussir à ne pas être déstabilisée si jamais la situation évolue.

Éviter si possible les : « Je ne peux pas sortir avec toi parce que j'ai mon bac français dans deux ans ! »

3.

En tant que Parisiennes, nous avons plein d'avions qui vont à Barcelone, mais ma mère avait décidé qu'on prendrait le train. Elle assurait que si on ajoutait tous les transports pour aller à l'aéroport et l'attente sur place, eh bien on gagnait à peine une heure et demie mais beaucoup en stress. De plus, dans le train ce n'était pas du temps morcelé comme en avion, on pouvait se poser, lire, jouer aux cartes. J'avais alors immédiatement viré le Uno (que je déteste) du sac de ma sœur et je l'avais convaincue que si elle gardait uniquement le Dobble, je jouerais tout le temps.

À peine étions-nous installées sur nos sièges que Garance a brandi son Dobble.

– Alors, Nina, tu t'es un peu remise à l'espagnol ? m'a fait ma mère qui ne devait pas avoir plus que moi envie de jouer.

– Euh... pourquoi... ?

– Pourquoi ? Voyons, Nina ! Pour progresser et surtout pour communiquer avec les gens !

– Je te rappelle que Jésus, sa mère et sa petite sœur sont espagnols mais vivent à Bruxelles depuis des années. Ils parlent français parfaitement.

– Et alors ? Tu vas discuter uniquement avec eux ?

– Euh...

– Sans compter que les trois premiers jours, on est à Barcelone sans eux.

Évidemment, Val ne m'avait pas prévenue qu'on n'allait pas directement dans le village de la grand-mère de Jésus. En même temps, depuis que mes copines me parlaient de Barcelone, j'avais trop envie d'y aller, ce n'était donc pas une si mauvaise nouvelle que ça. Jésus pourrait peut-être nous y rejoindre, puisque le village n'était pas loin.

– À Barcelone, t'as toujours dit que les gens parlaient le catalan et qu'en plus, l'été, il y avait tellement de touristes qu'on entendait autant l'anglais que le français ou le castillan !

Val a soupiré (mais sans haussement de sourcils).

– C'est quoi le castillan ? a demandé Garance.

C'est vrai que ça faisait trois phrases qu'on échangeait sans elle et qu'elle frôlait la crise d'abandon.

– L'Espagne est un pays constitué de plusieurs communautés. L'Andalousie, la Catalogne, le Pays basque, etc. Toutes ces communautés avaient déjà leur propre langue et, quand il y a eu la réunification, il a été décidé que ce serait la langue de la Castille où se trouvait Madrid qui deviendrait la langue du royaume d'Espagne. C'est pour ça qu'en Amérique latine les pays hispanophones parlent le castillan, c'est-à-dire l'espagnol ! Il y a des communautés qui défendent plus que d'autres l'utilisation de leur langue. Les Catalans, par exemple, ont imposé la leur dans l'administration et même dans les écoles et les universités.

J'ai commencé à émettre un gros ronflement. Quand on pose à ma mère une question sur un sujet qu'elle maîtrise, elle ne se limite pas à une réponse en trois mots, ni même en deux phrases, elle se lance dans un véritable exposé.

– Alors Nina a raison, ça ne sert à rien d'apprendre l'espagnol pour Barcelone, a conclu Garance.

– Nina n'a pas raison car même si les Catalans défendent leur langue, si tu leur parles en espagnol, ils te répondront.

– Si je leur parle en anglais, ils me répondront aussi !

– Parfois, Nina, intellectuellement tu es déprimante...

Elle a regardé ses mails sur son téléphone. J'ai cru qu'elle m'avait oubliée. Je me trompais. Ma mère ne lâche jamais.

– Alors, Nina : *¿Estoy europeana ou soy europeana?*

– *¡Soy europeana!*

– *¡Muy bien!*

Val pensait que j'en étais encore à confondre les deux verbes *être, ser* pour les états permanents et *estar* pour les états impermanents !

Je ne suis pas une passionnée de l'espagnol. Leur conjugaison me déprime et je n'ai jamais réussi à rouler le « r », mais je ne suis pas non plus la dernière de la classe.

– Maman, je ne sais pas si je suis intellectuellement déprimante mais toi, comme mère, t'as le chic pour me rabaisser !

– *¿Estoy contenta?* ou bien *¿Soy contenta?*

Val poursuivait comme si elle n'avait pas entendu ma remarque. Et ce qui est certain, c'est que je ne pouvais pas être *contenta todo el tiempo con mi mama* (contente tout le temps avec ma maman). C'était donc le verbe *estar* qu'il fallait utiliser, à la première personne : *estoy* !

– *¡No ESTOY contenta con ti!*

– Très drôle, Nina, mais t'as oublié le *go, contigo.*

– J'ai trop envie d'être trilingue comme toi, maman !

C'était la Naine qui était dans son quart d'heure de lèche quotidienne.

Val est traductrice d'anglais et d'espagnol vers le français. Papa est irlandais. Il vit à Dublin. J'ai habité jusqu'à mes neuf ans dans cette ville et Garance jusqu'à ses quatre ans, ce qui fait que nous parlons l'anglais. Moi quasi parfaitement et Garance moyennement !

– On joue ? a relancé Garance, son Dobble à la main.

Histoire de repousser ce moment de jeu qui s'annonçait inoubliable, j'ai repris en « français » la discussion avec ma mère :

– On va où à Barcelone ?

– On dort chez un ami.

– T'as encore des amis à Barcelone ?

– Quelques-uns, oui.

– Comment il s'appelle, ton ami ?

– Gustavo.

– Je le connais ?

– Non, c'est un très vieil ami.

– Tu ne m'en as jamais parlé.

– L'occasion ne s'est pas présentée.

– Tu le connais d'où ?

– Il y a vingt-cinq ans, quand j'habitais Barcelone, on a travaillé tout un été dans la même *chiringuito*.

– *Chiringuiquoi* ?

– *Chiringuito*, l'équivalent de nos paillotes l'été, en bord de mer. On s'était complètement perdus de vue pendant toutes ces années et on s'est croisés dans la rue à quelques dizaines de mètres de l'endroit où on avait bossé, c'est incroyable, non ?

– Ouais, enfin, c'est pas non plus un truc de dingue ! C'était quand ?

– Il y a un mois, quand je suis venue rencontrer le climatologue dont je traduis l'essai !

– Ah oui, le truc hyperflippant qui explique que la crise qui détruira le siècle prochain est celle des réfugiés climatiques et que ça a déjà commencé ?

– Je ne pensais pas que tu lisais mes traductions !

– Ne t'emballe pas, j'ai juste lu le résumé qui traînait aux toilettes, tu imagines bien que je n'ai pas le niveau pour commencer, pardon pour m'at-te-ler à ce type de document !

Soupir avec haussement de sourcils de Val.

– On joue ? a refait le Moustique à couettes en brandissant son Dobble.

– Ce Gustavo, il fait quoi comme travail ?

– Il se débrouille.

Il se « débrouille »... C'est bien la première fois que Val avait un ami qui se « débrouillait ». En principe, même quand ils ne font rien, ils font au moins du yoga et de la méditation, et sont incollables sur tout un tas de plantes qui donnent tout un tas de vitamines censées vous apporter santé, jouvence, éternité.

– Il fait du yoga ?

– Ah non ! Ce n'est vraiment pas le genre !

Val a affiché un large sourire, comme si je lui avais demandé si son moyen de locomotion était le monocycle.

– On joue ? a de nouveau coupé Garance en brandissant son Dobble comme un trophée.

Elle avait déjà son air de triomphe, certaine de nous mettre minables, alors rien que pour retarder son extase, j'ai continué de questionner Val :

– Gustavo, il est espagnol ?

– Catalan.

– Donc il est espagnol.

– Tu sais bien que c'est compliqué entre les Catalans et les Espagnols ! T'as quand même entendu parler de l'indépendance de la Catalogne ? (J'ai vaguement acquiescé, ne m'étant pas passionnée pour le sujet.) Gustavo dit qu'il est catalan espagnol. D'abord catalan puis espagnol. Comme si tu disais : « Je suis une Francilienne », c'est-à-dire une habitante d'Île-de-France, française.

– Ça va, maman, je sais que les habitants d'Île-de-France s'appellent les Franciliens, arrête de me prendre pour une débile, je suis une FRAN-CI-LIEN-NE ! Et ça, ça s'appelle un train, non ? (j'ai fait en montrant l'espace autour de nous), et ça, un té-lé-pho-ne por-ta-ble (j'ai fait en brandissant mon mobile), non ?

– Moi je savais pas, maman... merci.

Je rêve ! C'est tout juste si Garance n'a pas ajouté un « merci, maman, pour toute la culture que tu me donnes chaque jour » !

– Gustavo est surtout un Barcelonais très attaché à sa ville. Et comme beaucoup d'habitants, il regrette que le centre-ville soit devenu un parc d'attractions pour touristes.

– Trop cool, on est des touristes et on va chez un type qui déteste les touristes, ça commence bien !

– Nous, c'est pas pareil.

Je ne lui ai pas demandé pourquoi ce n'était pas pareil. Garance avait distribué les cartes du Dobble et on a commencé à jouer.

Après cinq parties, Garance gagnait toujours. Alors qu'il nous restait à ma mère et à moi-même encore dix cartes minimum en main, elle nous a généreusement proposé :

– Si vous voulez, je vous laisse de l'avance, je prends dix cartes de plus.

– Ça va, la Mioche, arrête de te la péter.

– Nina, pourquoi tu t'énerves tout de suite ?!

– Je ne m'énerve pas, maman, mais je n'aime pas son ton de surdouée, faudrait pas qu'elle oublie que l'année scolaire est finie, on est en vacances ! Oubliez-moi pour le Dobble.

J'ai posé mes écouteurs sur mes oreilles.

– T'as pris des livres, au moins, Nina ?

– Oui, « au moins », maman !

– En français ?

– Et même un roman *in english*, mais excuse-moi, j'ai oublié celui en russe, et celui en albanais ce sera pour l'été prochain !

Nouveau soupir de Val avec haussement de sourcils.

– Tiens, elle m'a fait en me tendant un livre de poche.

Regard suspicieux sur le titre, *Bodas de sangre*.

– En français, *Noces de sang*. C'est une édition bilingue. À gauche en espagnol et à droite en français. C'est excellent pour l'apprentissage d'une langue. J'espère que ce sera ta lecture de l'été. Le chef-d'œuvre de García Lorca. Tu sais qui c'est ?

– Maman, s'il te plaît, arrête...

– Je te demandais juste si tu le connaissais.

– Non, tu ne m'as pas demandé juste si je le connaissais vu le ton que tu as employé !

– C'est qui ? a demandé la Mioche.

– Un écrivain de théâtre espagnol, andalou je crois. Il était communiste. Il a été fusillé par les franquistes pendant la guerre civile. Il a aussi écrit des poèmes. Ça te va, maman ?

– Parfaitement, Nina !

Histoire de clore la discussion, je me suis plongée dans la quatrième de couverture.

– Ah, mais c'est le film qu'on a vu, le truc qui m'a trop fait flipper, où ils dansent tout le temps !

– Je l'ai vu ? a demandé Garance.

– Non, toi t'étais encore en train de téter et au moins j'avais la paix ! J'avais sept ans mais maman me l'a montré en VO en me disant : « Tu sais, ma petite chérie, il y a des films qui devraient être interdits de doublage. »

– Il n'y a pas beaucoup de texte !

– Merci, maman, de souligner que ce n'était pas un gros effort pour une gamine qui découvre la lecture !

– C'est quoi, l'histoire ? a demandé Garance.

– Une histoire d'amour pas cool du tout. Le film est super-angoissant parce que tu ne sais pas si ce qui se passe, c'est l'histoire du film ou l'histoire de la pièce qu'ils sont en train de jouer dans le film.

– C'est le principe narratif de Carlos Saura, le réalisateur, mêler la réalité à la fiction, effacer les barrières.

– Excuse-moi, maman, de ne pas avoir été capable de reconnaître le brillant principe narratif du grand réalisateur !

– J'ai trop envie de le voir ! a fait Garance qui se prend déjà pour une intellectuelle de premier ordre.

J'ai accepté le livre en esquissant un sourire forcé. Si Val croyait que j'allais le lire et surtout lire la page en espagnol, elle rêvait, et quand elle s'est levée pour récupérer un truc dans sa valise, j'ai laissé échapper un nouveau :

– Tu as raison, tu as un peu gonflé, surtout au niveau du ventre, faut que tu fasses attention…

Sa réponse : un regard quasi haineux à mon intention.

Elle allait au moins me laisser tranquille jusqu'à l'arrivée à Barcelone.

Je me trompais.

Car si elle m'avait offert *Noces de sang* en version bilingue, à Garance, elle avait offert un livre de mots illustrés : *Mes mille premiers mots en espagnol.* Garance n'arrêtait pas de les réciter et ma mère n'arrêtait pas de s'extasier et de ponctuer ses phrases de : « … Et si on demandait à Nina si elle sait… ? »

– Nina, comment on dit « oignons » ?

– *Cebollas.*

– C'est ça, et comment on dit « carotte » ?

– Je n'en sais rien, je n'en mange jamais, j'ai horreur de ça.

– Ça se voit, a persiflé Garance, sinon tu serais plus aimable !

– Trop drôle, vraiment, premier prix d'humour.

Histoire d'échapper à *Mes mille premiers mots en espagnol*, j'ai ouvert *Bodas de sangre* et j'ai mis un petit fond sonore d'électro dans mes oreilles. De l'électro comme j'aime et comme ma mère aimait quand elle n'était pas encore mère.

Si Val avait pu rester comme elle était quand elle n'était pas encore mère, elle aurait été une mère géniale !

4.

Dès les premières pages que j'ai lues, bien évidemment en français, c'était tendu. Ça sentait la colère, la jalousie, la rancœur. Il y avait un dialogue terrifiant entre la mère du fiancé et la fiancée :

LA MÈRE : Tu sais ce que c'est le mariage, petite ?

LA FIANCÉE : Je le sais.

LA MÈRE : C'est un homme, des enfants, et un mur épais de deux mètres entre toi et tout le reste.

– Je peux souligner ? j'ai fait à Val en sortant un crayon.

J'ai demandé avant de me faire laminer parce qu'elle est du genre psychorigide avec les livres. Elle peut sortir des phrases totalement irréelles comme « Malmener un livre, c'est comme malmener quelqu'un ».

Acquiescement de Val – sans doute aussi étonnée que moi par ma lecture « participative ». Pour une fois, elle n'a même pas persiflé une petite remarque du genre : « Pour lire aussi vite, tu ne dois lire que la page en français ! »

Bodas de sangre se déroule dans un village perdu de l'Andalousie des années 1930. Une jeune fille est contrainte d'épouser un homme qu'elle n'aime pas mais qui a des biens.

Ça m'a rappelé mon séjour en Inde.

Avec Jésus, nous y avions fait la connaissance de Fulki. Elle vivait cloîtrée dans la maison de ses parents qui l'avaient promise à un homme riche de cinquante-cinq ans. Elle avait quatorze ans et refusait ce mariage. Elle était très amoureuse de Behru. Il avait seize ans. Lui aussi était très amoureux d'elle. Mais il n'était pas riche. Fulki n'avait pas cédé. Ni Behru. Garance, Jésus et moi les avions alors aidés (et nous en étions très fiers) comme on avait pu. Le mariage forcé avait été annulé et elle avait pu épouser Behru.

Oui, l'histoire de Fulki s'est bien terminée mais, la plupart du temps, les Fulki du monde entier deviennent l'esclave domestique et sexuelle d'un vieux.

Fulki a six mois de moins que moi. Elle a fait l'amour. Elle vit avec son mari dans la maisonnette des parents de Behru. Elle ne parle pas de faire un bébé mais de reprendre ses études. Elle affirme que seule l'éducation sortira les jeunes filles de leur condition d'esclave. Pas la maternité. Elle vient d'intégrer bénévolement une association qui recueille les très jeunes filles qui fuient les mariages forcés.

L'autre jour par Skype, elle m'a confié qu'elle voudrait plus tard faire de la politique, défendre les droits des enfants. Je suis certaine qu'elle va y arriver, comme elle est arrivée à épouser Behru.

Je suis revenue à *Bodas de Sangre* en arrêtant l'électro dans mes oreilles parce que plus je lisais et plus les frappements des pieds et des mains des danseurs de flamenco du film de Carlos Saura me revenaient en mémoire.

Envie de revoir le film.

En attendant, j'ai terminé la pièce. Comme le titre l'indique, ces noces tournent à l'ultraviolence puisque, peu après la célébration du mariage, la mariée s'enfuit avec son amant qui lui aussi a dû, quelques années auparavant, épouser une femme qu'il n'aime pas. Le jeune marié se lance alors à la poursuite des deux amants, et les hommes finissent par s'entretuer.

J'ai souligné une autre phrase : *Se taire et brûler de l'intérieur est la pire des punitions qu'on puisse s'infliger.* Je l'ai même lue en espagnol : *Callar y quemarse es el castigo más grande que nos podemos echar encima.*

Sans compter les articles, j'ai compris à peine quatre mots. Je l'ai relue en français. Cette phrase résumait toute la pièce. Cette société ultrafermée empêche tellement les gens de se réaliser qu'ils en deviennent complètement dingues. J'ai fait une photo de la phrase dans les deux langues et j'ai refermé le livre.

– C'est génial, hein, Nina ? m'a lancé Val.

Elle avait envie de me le dire depuis un certain temps mais elle n'osait pas, de crainte de me stopper dans ma lecture.

– Génial, tu plaisantes ! C'est effrayant, être amoureux pour finir comme ça !

– En espagnol, maman, quand on est amoureux, on utilise lequel des deux verbes *être* ? a demandé Garance.

Ça faisait trente secondes que ma mère s'intéressait uniquement à moi. Ma sœur manifestait de nouveau les premiers signes de la crise d'abandon.

– Qu'est-ce que ça peut te faire ? Tu rentres en CM2, au cas tu l'aurais oublié !

– Je prends de l'avance pour ne pas galérer comme toi plus tard !

Depuis qu'elle a fêté ses dix ans, Garance s'y croit trop, persuadée qu'elle a autant de repartie que moi !

– Parfaitement, ta sœur prend de l'avance et je trouve cela formidable. En temps qu'aînée, tu devrais l'encourager.

– En tant qu'aînée, je préfère lui apprendre la dure loi de la « vraie » vie, comme ça, quand elle arrivera au collège, elle ne pensera pas qu'elle entre dans le monde merveilleux des *Télétubbies* !

– Avec toi comme grande sœur, ça fait longtemps que j'ai compris que la vie est dure, surtout en famille !

– Ha, ha...

– Garance, quand on est amoureux, on emploie *estar*. *Estar enamorado*.

– Pourquoi pas *ser*, maman ? a insisté Garance.

– « Être » amoureux, ce n'est pas un état permanent.

– Avec toi, c'est certain ! j'ai souligné.

Nouveau soupir de Val, avec comme sous-titre dans le haussement de sourcils : « Ma pauvre Nina, tu te crois spirituelle mais tu es juste navrante ! »

– En même temps, maman, a noté Garance, si on regarde ta vie amoureuse, c'est *estar*, mais si on regarde celle de mamie, c'est plutôt *ser*. Elle a eu que papi.

Air épuisé de maman à l'idée que lorsque ma « crise d'ado » sera terminée, elle enchaînera sans doute avec celle de Garance.

– Oh maman, j'ai trop hâte d'être au collège et de me mettre à l'espagnol !

Ça y est. Le quart d'heure de lèche quotidienne de la Mioche était de retour !

J'ai fermé les yeux.

J'ai pensé à Jésus.

Et aussi au père de ma copine Salomé qui a quitté sa femme pour une autre et à la mère d'Elsa qui a quitté son mari pour un autre et à plein de couples de parents autour de moi qui se séparent. Et si Jésus avait rencontré quelqu'un d'autre ? Et alors ? C'est un ami. Il y a juste eu un smack et un « tu me manques et pas seulement comme ami ». Il ne t'a rien promis. Toi, si tu avais rencontré quelqu'un, est-ce que tu te serais dit « non je ne peux pas car je suis promise à Jésus » ? Euh... non, effectivement. Alors ? Alors j'ai pensé à ma mère et à mon père. Mes parents ne se sont pas séparés à cause de quelqu'un d'autre, comme les parents de Salomé ou d'Elsa, mais parce qu'ils ne s'aimaient plus.

C'est encore plus triste.

Comment peut-on s'aimer aussi fort puis ne plus s'aimer du tout ?

Je devais avoir l'air en panique parce que ma mère s'est rapprochée de moi et m'a pris la main en murmurant :

– Ça va, ma chérie ?

– Je pense à tous ces gens qui s'aiment et qui ne s'aimeront plus un jour, c'est tellement désespérant...

– Pourquoi tu penses à ça !?

– À cause de *estar* et de *ser* et à cause de tous ces divorces autour de moi et à cause de papa et toi.

Bref moment de silence.

Je reconnais, ce n'était pas super-approprié, là, dans le train, de reprocher à ma mère la séparation d'avec mon père. Mais j'y pense encore souvent. Mon père m'a confié que maman avait bien fait de prendre la décision de la séparation, qu'ils étaient arrivés à la fin de leur histoire, mais j'ai la sensation que lui, jamais il ne l'aurait quittée.

– Nina, le principe de la vie, c'est l'impermanence, sinon on serait des statues.

Je m'y attendais !

Ma mère qui est un peu beaucoup bouddhiste sur les bords m'a resservi son refrain sur le principe d'impermanence.

Rien n'est immuable ou éternel. Toute chose ou phénomène tend à disparaître ou à changer. Il n'y a justement de constant que le changement. Depuis que je suis née, j'entends parler d'impermanence et aussi d'interdépendance.

Chaque chose ou phénomène est le résultat de causes infinies et provoque des conséquences qui seront les causes d'autres phénomènes et ainsi de suite. Il n'existe aucun évènement en ce monde qui soit indépendant de tout le reste, qui n'ait aucune cause ou qui ne provoque aucune conséquence.

Ça ne m'a pas consolée. Encore moins quand Val a précisé :

– Je crois qu'il n'y a que l'amour qu'on porte à ses enfants qui soit permanent.

– Et celui qu'on porte à sa maman ! s'est exclamée Garance en lui faisant un gros bisou.

C'est vrai que ça faisait plus de cinq minutes que ma mère caressait ma main et pas la sienne.

– Pas certaine que ce soit toujours le cas pour ta grande sœur, a conclu maman en souriant.

5.

Gare de Barcelone, j'étais trop contente. Message de Jésus. Il était encore au *pueblo* avec sa grand-mère, mais elle était d'accord pour qu'il vienne dès le lendemain me voir et dans trois jours, on repartait tous ensemble là-bas. La seule mauvaise nouvelle c'était que Zaouïa, la petite sœur de Jésus, restait avec sa mamie. Garance n'allait donc pas avoir sous la main sa groupie *number one* (Zaouïa la regarde comme si elle était la réincarnation de Mary Poppins !) et donc elle n'allait pas me lâcher.

Il y avait une autre personne qui semblait également très contente dans cette gare : Gustavo.

Il a serré fort ma mère contre lui. Vraiment fort. Quand enfin il l'a lâchée et qu'il s'est rendu compte de notre présence, j'ai vu qu'il était très ému. Durant un quart de seconde, je me suis demandé si ce n'était pas mon père biologique (genre, ma mère était enceinte de Gustavo mais mon père avait assumé la grossesse).

Heureusement pour mon cerveau déjà bien retourné, je ne ressemble pas du tout à Gustavo mais beaucoup à mon père. Aucun doute. J'ai hérité de sa peau claire d'Irlandais et de ses yeux gris-vert. Si j'avais pu avoir la peau mate de ma mère avec les yeux de mon père, j'aurais été super-canon. Sans compter que ma mère a quand même réussi à me refiler la myopie de ses yeux noirs.

Donc Gustavo était très ému de rencontrer les filles de Val. Il a soulevé Garance comme si elle pesait quelques grammes alors que lui-même ne semblait pas peser bien lourd. Après les *encantadas* d'usage (c'est-à-dire les « enchantés de te rencontrer », jusque-là je suivais en version originale), nous sommes sortis de la gare.

Les bras de Gustavo étaient tatoués et sans doute son torse aussi. Pas de piercing visible, en tout cas dans les endroits apparents. Hi, hi ! Son jean lui tombait sur les hanches, on apercevait le haut de son caleçon. Il portait une chemise aux manches longues retroussées.

Dans son genre, il était assez classe et même si Val m'avait juré l'avoir rencontré dans une retraite de yoga, je ne l'aurais pas crue. Gustavo était bien un très vieil ami de ma mère. Quand elle fréquentait les festivals de musique alternative, portait des vestes Adidas et des faux cuirs moulants, et que son vernis à ongles était marron foncé et son rouge à lèvres bien rouge.

Sur le parking, on a rejoint un minibus Volkswagen. Il devait dater de leurs vingt ans. Gustavo se débrouillait bien en français. Il a dit à ma mère (qu'il appelait Valentina) qu'elle avait pris un peu de poids et que ça lui allait bien. Ma mère a esquissé un sourire contraint. Garance et moi on a soupiré, certaines qu'avec cette remarque il nous l'avait déprimée pour la soirée.

– Nina, ta mère m'a dit que tu écoutes beaucoup de musique électro, m'a fait Gustavo. Tu as des DJ favoris ?

– Paul Kalkbrenner, Pan-Pot, Oliver Koletzki.

– *Tu hija tiene buen gusto.*

– Normal, *es genético* !

Ma mère est trop drôle ! Gustavo lui disait que j'avais bon goût et elle arrivait à se placer, alors que ça fait six ans (en gros depuis la séparation d'avec mon père) qu'elle n'a pas écouté autre chose que des musiques traditionnelles du type percussions, clochettes et flûte de pan, et qu'elle a remplacé ses vestes Adidas par des pulls en coton organique complètement informes.

Depuis quelques années, sûr que ce n'est pas d'elle que je tiens mon *buen gusto electrónico.*

Telle mère, telle fille, seulement quand c'est valorisant pour elle !

Sinon, faut reconnaître que, pour un Barcelonais qui n'aimait pas les touristes, Gustavo était chaleureux et heureux de nous présenter sa ville.

– C'est la Torre Agbar, a-t-il précisé quand on a contourné une immense tour ovoïde. On l'appelle le *supositori* !

– Le suppositoire, s'est esclaffée Garance.

– Oui, a-t-il continué. La nuit, avec les éclairages, c'est magnifique.

– Cette tour marque la « frontière » entre le quartier de l'Eixample et celui de Poble Nou, où Gustavo habite, a précisé ma mère.

Puis, sur un ton nettement plus mélancolique :

– Tu te souviens, Gustavo, quand j'habitais à l'angle de Bogatell.

Il s'en souvenait parfaitement. Je préférais ne pas visualiser ce qui s'était passé entre eux dans cet angle-là !

Gustavo habitait dans un bâtiment en brique qui semblait plutôt abandonné vu l'état extérieur. La porte d'entrée était tellement taguée qu'on n'apercevait plus la couleur du bois.

On est entrés. C'était un ancien atelier d'artisan, un ferronnier, nous a précisé Gustavo. Au rez-de-chaussée, il y avait un grand salon-cuisine, envahi d'un amas de meubles et décorations récup'. Il y en avait de tous les styles. Un miroir avec un cadre doré très chargé façon Louis quelque chose, un canapé en palettes de bois, des caissons métalliques de bureau sur un tapis marocain. L'impression d'être dans la boutique d'un brocanteur, sauf qu'il n'y avait pas d'étiquettes indiquant les prix.

Au fond de la pièce, dans ce qui avait dû être l'arrière-boutique, il y avait un autre espace, la chambre de Gustavo et un atelier-bureau, avec un écran d'ordinateur immense et de nouveau pas mal de bazar. La salle de bains et les toilettes donnaient sur une espèce d'arrière-cour.

On devait se geler en hiver mais en été ce n'était pas un problème, c'était comme si on prenait sa douche à ciel ouvert.

Dans l'arrière-cour, Gustavo avait aménagé un salon façon jardin, hamac, larges coussins posés sur un tapis en bambou, et pas mal de plantes vertes. C'était cool.

À l'étage, il y avait une grande pièce. La chambre d'amis. La nôtre. Un lit *queen size* posé sur des palettes de bois. Niveau place, pas de souci, c'était suffisamment large pour y dormir à trois sans se gêner mais ce qui était certain, c'est qu'on allait pouvoir transpirer en famille. Il faisait dans les quarante degrés. J'ai regardé les murs par réflexe. Il était évident que ce n'était pas le genre d'endroit où l'on investit dans la pose d'une climatisation et d'ailleurs, au sol, trônaient deux grands ventilateurs. Je les ai mis en marche illico.

Que ce soit au rez-de-chaussée ou à l'étage, il était clair qu'on n'était pas dans l'esprit feng shui. Mes yeux se sont posés sur ma mère : elle était pourtant radieuse et manifestement pourvue d'une faculté d'adaptation que je ne lui connaissais pas.

Ça sentait de plus en plus le plan qui n'est pas juste un copain.

– C'est un squat ? j'ai demandé.

– C'est quoi, un squat ? a fait miss Parfaite.

– T'es là mais t'as pas le droit d'être là. Le propriétaire n'est pas content mais comme souvent ce n'est pas en état d'être loué, ceux qui n'ont pas les moyens de payer un logement s'y installent gratuitement et ils y restent tant que les flics ne les mettent pas dehors !

– Les flics vont arriver !? elle a dit avec un air un peu inquiet.

– Nina, arrête de faire flipper ta sœur, t'es fatigante ! Non, ce n'est pas un squat ! Gustavo verse un petit loyer à la propriétaire qui pour le moment ne veut pas vendre car c'est encore enregistré comme local commercial. Si elle le vendait, elle le vendrait beaucoup moins cher que si c'était une habitation, donc en attendant d'obtenir son certificat d'habitation, et ça peut prendre beaucoup d'années, elle le loue à Gustavo.

J'étais estomaquée. Madame « Loi incarnée », j'ai nommé Valentine, Val, ma mère, qui n'est même pas fichue de monter dans un bus pour une seule station sans avoir de billet parce qu'elle estime que ce n'est pas bien, là, elle ne trouvait rien à redire à un arrangement qui sortait très clairement du cadre légal !

Ma mère était en pleine mutation, et pas seulement en terme de kilos !

J'ai préféré ne pas le lui faire remarquer. Elle était de très bonne humeur et ne pensait plus à délivrer des cours d'espagnol en accéléré à sa brave fille aînée un peu débile.

Gustavo nous a proposé de prendre une petite douche. Il a insisté sur « petite » pour qu'il reste de l'eau pour chacun. Avec ma mère, que ce soit en Inde ou à Barcelone, j'étais abonnée aux salles de bains confort *low cost* !

6.

Plus tard, on s'est retrouvés tous les quatre autour d'un apéro dînatoire version tapas où l'on a piqué des petits morceaux de *queso* (fromage), de *jamón* (jambon), de *pulpos* (poulpe), de *mejillones* (moules), de *boquerones* (anchois marinés) et de *chorizo*.

Pas la peine de préciser que ma mère piquait allègrement. Ses habitudes alimentaires tendance archivégétarienne à indice glycémique faible en prenaient un coup. Ça n'avait pas l'air de l'inquiéter.

Elle était en mode « tox », pas détox.

Je l'imaginais demain sur sa balance.

Elle avait même délaissé le vin rouge classique bio pour *el vino tinto de verano* (vin rouge de l'été), un vin mélangé avec de la limonade goût citron ou orange. Du vin-soda censé désaltérer beaucoup plus que le classique. Niveau calories, ça devait aussi y aller beaucoup plus qu'avec le classique !

Ma mère retrouvait ses vingt-cinq ans. Je croisais les doigts pour qu'elle les conserve, manquait plus qu'elle se remette à la cigarette !

Elle riait beaucoup aux blagues de Gustavo qu'on ne pouvait comprendre car dans ce cas-là ils se parlaient en espagnol. J'ai pensé au dicton qui dit « Femme qui rit, femme à moitié dans ton lit ». Vu comme il la regardait et comme elle gloussait, soit c'était déjà fait, soit ça allait se faire, et pas qu'à moitié !

– Je monte réviser mes mots d'espagnol, a clamé Garance qui ne peut jamais arrêter de nous rappeler qu'elle est studieuse même en vacances, animée d'une soif de savoir que je trouve quasi pathologique mais qui évidemment soulève des expressions d'admiration de maman et même de papa qui se demande comment il a pu participer pour moitié à la conception d'une telle créature (il a passé son bac trois fois).

Garance n'a pas révisé longtemps. Moins de dix minutes plus tard, elle est redescendue, quasi hystérique, en se grattant partout :

– Y a plein de moustiques. On n'a pas de crème ?

Val l'avait oubliée. Elle était légèrement pompette et s'en fichait. Gustavo a assuré en dégotant d'un immense bric-à-brac une tout aussi immense moustiquaire. Chez lui, c'était comme les magasins chinois, on trouvait de tout !

Il a installé la moustiquaire. Garance a adoré. Elle avait la sensation d'être dans un lit de princesse. Elle s'est endormie rapidement et moi je me suis aussi mise dessous.

J'ai posté sur mon groupe FB de copines tout un tas de photos du « squat » de Gustavo. Elles n'en revenaient pas que ma mère à moi, oui, celle qu'elles croisent dans le salon en *sirsana* (posture de yoga sur la tête au sol) ou en *padmasana* (position du lotus), ait un copain comme ça !

Moi non plus je n'en revenais pas.

Mais alors pas du tout.

Je vivais un rêve et je me suis tranquillement endormie avec le sourire sans imaginer une seule seconde que le réveil allait être nettement plus brutal.

Oui, le lendemain vers midi (mon heure habituelle de réveil en vacances), j'ai ouvert vaguement un œil – ce qui est plutôt logique quand on se réveille – mais ce qui n'était pas logique, c'est que Jésus était en face de moi, tout sourire.

Horreur ! Malédiction !

Comment Garance avait pu le laisser entrer dans la chambre alors qu'elle connaissait mes sentiments « troubles » pour lui !?

J'ai enfoui ma tête sous le drap et compris que ce n'était pas Garance puisqu'elle dormait encore à poings fermés à côté de moi.

Garance est une vraie marmotte, c'est la seule enfant qui à la maternité a dormi directement six heures la première nuit après sa naissance. Les puéricultrices n'avaient jamais vu ça. Faut dire qu'elle avait des provisions, c'était un très gros bébé qui est directement passé aux bodies trois mois alors que maintenant elle est plutôt du genre maigrelette.

Si ce n'était pas elle qui l'avait autorisé à monter, c'était donc ma mère. Je n'allais pas la rater aujourd'hui !

– *¡Hola, guapa, que pasa!*

¡Guapa! Il plaisantait ou quoi ? Il n'avait pas vu ma tête !

– Sors, je ne veux pas que tu me voies comme ça !

J'avais transpiré toute la nuit. Mes cheveux collaient de partout et question haleine je préférais ne pas imaginer.

– Nina, c'est pas grave, je t'ai déjà vue le matin !

– Si, c'est grave. Sors, j'arrive !

Jésus est sorti. J'ai hurlé après ma mère, mais...

– Valentina est au marché, a répondu Gustavo.

– Pourquoi tu cries ? a fait Garance en ouvrant un œil.

– Jésus est là !

– Génial !

– Chut !!!

Je lui ai brièvement résumé la situation.

– Je comprends, je vais t'aider à te faire belle sans que tu aies à descendre, elle a dit en se levant d'un bond. Je sais bien que t'es archicomplexée devant les garçons !

Je ne l'ai pas remerciée de m'avoir rappelée que je n'ai aucune confiance en moi car elle était déjà sortie de la pièce.

Dans les minutes qui ont suivi, je dois avouer que le Moustique à couettes a assuré. Comme l'unique salle de bains était au rez-de-chaussée et qu'il fallait passer devant Jésus, Garance est allée y récupérer ma trousse et est remontée avec de quoi me rafraîchir le visage et me coiffer.

Pour la tenue de retrouvailles, je n'ai pas hésité longtemps. Je l'avais déjà choisie de longue date.

Ultrasimple : jean gris foncé et débardeur orange.

Sensation que mon cœur s'emballait.

Dans le salon, Jésus discutait avec Gustavo et une jeune de notre âge. Il s'est levé et m'a serrée fort contre lui.

Fort comment ?

Pas aussi fort que la dernière fois où il m'avait serrée fort quand nous nous étions quittés sur le quai de la gare en Inde, mais quand même fort.

Il avait sacrément grandi. Il ne me dépassait pas encore mais ça n'allait pas tarder.

– Nina, je te présente Montse, ma cousine, il a fait en m'indiquant la jeune fille qui l'accompagnait.

– *Encantada, me llamo Montse*, elle m'a dit avec une expression que je ne trouvais pas super *encantada* mais plutôt du style : « Fais voir un peu la tête que t'as, la Française, si tu crois que c'est gagné, l'amitié avec moi ! »

7.

Pour faire plaisir aux petites Parisiennes que nous sommes, Jésus et Montse avaient prévu un après-midi plage. Celle-ci se situait à une quinzaine de minutes de marche.

Pendant tout le trajet, Jésus a surtout parlé avec Montse. En fait, à chaque fois qu'il me parlait en français, comme Montse ne le comprenait pas, elle lui demandait ce qu'il m'avait dit et il repassait à l'espagnol.

Je reconnais. J'ai un niveau minable dans cette langue, mais même avec un niveau moyen j'aurais archi galéré car ils parlaient avec une rapidité incroyable. Mitraillette verbale. Ils reprenaient leur souffle quand ?

Montse avait, comme beaucoup d'Espagnoles, une voix grave, très rauque, comme si elle avait mué. Côté physique, elle était de ma taille mais musclée. Elle portait un petit carré court. Son visage était joli et sans maquillage. Genre la première en EPS capable de vous mettre minable parce que vous raté sa passe !

Je ne comprenais rien, mais je tendais l'oreille. Ils mélangeaient espagnol et catalan. Jésus m'avait pourtant affirmé ne pas le parler très bien, car il avait trop vécu à l'étranger. Mais bon, même pas très bien, c'était juste la quatrième langue qu'il parlait, après l'espagnol, le français et l'anglais. Sûr, il pouvait voyager !

Pour arrêter de passer du catalan au français, il a proposé qu'on communique en anglais. Montse le parlait couramment. Mais bon, je sentais trop que j'étais l'intruse. Ils avaient des tas de choses à se dire.

Arrivés sur la plage, j'en ai eu confirmation. Ils ne se sont plus quittés et moi je n'ai pas lâché Garance car c'était exactement le genre de plage dangereuse pour elle : la mer qui descend à pic avec de grosses vagues. J'avais juste deux possibilités : soit dans l'eau avec elle, soit sur le sable sans la perdre du regard et en lui hurlant à intervalles réguliers de ne pas dépasser l'eau aux cuisses.

Garance a un seul point faible : la natation. C'est mon point fort. Mes grosses loches font bouées, comme dit mon père avec son humour que j'adore et qui désole ma mère.

– Trop chaude, Nina, viens ! a fait Garance qui était déjà dans l'eau.

– J'arrive.

Je ne pouvais pas oublier que depuis que Jésus était apparu chez Gustavo, elle s'était littéralement mise à mon service.

Elle était redevenue MA petite sœur chérie d'amour !

Je me suis mise en maillot, c'était la première fois que Jésus me voyait comme ça mais il m'a à peine regardée. Trop occupé à parler avec Montse.

L'eau était chaude. Presque trop. Passé les quatre premiers mètres, Garance n'avait déjà plus pied. On est revenues vers le rivage. Garance est montée un nombre incalculable de fois sur mes épaules pour plonger et elle est passée un nombre incalculable de fois entre mes jambes et ensemble on a fait un nombre incalculable de roulades.

À chaque fois qu'on se retrouve dans l'eau, la différence d'âge s'efface.

Entre deux roulades, elle m'a bombardée de questions sur mes retrouvailles avec Jésus. Elle était au courant de tout concernant Jésus et moi. Garance adore les histoires d'amour. Elle m'avait donné sa parole de « secret de sœurs », c'est-à-dire juré qu'elle ne dirait rien à maman et le plus étonnant, c'est qu'elle en avait été capable. Je n'avais pas voulu parler à ma mère de mes sentiments pour Jésus parce que c'est la personne la moins romantique que je connaisse. Je n'avais pas envie de me prendre une réflexion du genre « ma chérie, ne t'emballe pas trop, à ton âge ce n'est jamais très sérieux, tout passe ».

Donc Garance me bombardait de questions sur Jésus. Qu'est-ce que j'avais ressenti quand je l'avais revu ? Qu'est-ce que je pensais qu'il allait se passer maintenant ?

Je ne savais pas quoi répondre.

La sensation qu'il était venu à Barcelone plus pour sa cousine que pour moi et en tous les cas au moins autant pour elle que pour moi !

Heureusement que c'était sa cousine parce que sinon j'aurais trop pensé qu'ils étaient ensemble !

– Tu sais, Nina, des filles comme toi, il n'y en a pas beaucoup. Si Jésus ne s'en rend pas compte, c'est qu'il est moins intelligent que tu le croyais. Et donc, il vaut mieux l'oublier comme amoureux.

Ce qui est bien avec Garance, c'est que plus elle me sent mal et plus elle est adorable. Si j'étais une dépressive chronique, elle serait la plus gentille des petites sœurs !

Enfin, Jésus nous a fait signe pour un *picoteo*, le fameux apéro dînatoire possible à toute heure de la journée où l'on mange de petites quantités d'aliments mais si allègrement que ça en devient des énormes !

Nous étions affamées. J'ai dévoré. Si je continuais ainsi avec le chorizo et *el pan con tomate* (le pain avec une grosse quantité d'huile d'olive et de tomates écrasées), il n'y avait pas que ma mère qui allait s'empâter.

Dans la famille « grosse vache », je demande la mère, « Val gros bidon », puis la fille, « Nina grosses fesses ».

Dès qu'on a eu fini de manger, Garance a voulu retourner dans l'eau et j'ai accepté de l'accompagner.

– Je ne te savais pas aussi maternelle avec ta petite sœur, a souligné Jésus.

Qu'est-ce qu'ils ont tous, toujours, à croire que je suis incapable de m'occuper de quelqu'un ? J'ai vraiment l'air d'une ado archi-autocentrée ou égocentrée (je n'ai jamais compris la différence) ? Heureusement que j'ai mes amies. Elles, elles me trouvent généreuse et attentionnée !

– Faut dire que j'ai le temps de m'occuper d'elle, j'ai répondu avant d'aller rejoindre Garance.

Cette fois il est venu me retrouver dans l'eau :

– Excuse, Nina, ça fait quasi deux ans qu'on ne s'est pas vus avec Montse. Quand on était petits, on se voyait tout le temps, on est restés très proches.

Le sous-titre étant : « Toi et moi, ça fait que quatre mois qu'on s'est pas vus et je suis moins proche de toi que je l'ai été d'elle ! »

J'ai quand même murmuré un hypocrite « je comprends », histoire de ne pas passer pour la désespérée de service. Après tout, je m'étais juré de rester zen, posée et sans particulièrement d'attentes envers lui, « amis avant tout ».

Garance a vu Jésus s'approcher de moi et elle s'est instinctivement éloignée. Elle est restée tout près du rivage pour que je n'aie pas à aller la chercher et à rompre mon « premier » moment d'intimité avec Jésus. Puis, quand Montse est entrée dans l'eau, elle l'a accaparée, histoire qu'elle ne nous rejoigne pas tout de suite.

Ma petite sœur virait en mode exemplaire.

J'imaginais déjà le nombre de parties de Dobble qu'elle allait me demander en retour !

Dans l'eau, pour ne pas boire la tasse, j'étais sur la pointe des pieds, Jésus aussi, j'imagine. Il n'avait pas que grandi, il s'était aussi un peu épaissi. Sa peau était légèrement hâlée et de fait ses boutons s'étaient atténués. Là, sous le soleil, ses yeux marron lançaient des reflets dorés.

Il m'a prise par les mains. À chaque vague, on se soulevait et on retrouvait le sable.

– Tu sais, Nina, Montse est une fille épatante, vraiment incroyable. Tu vas l'adorer.

Il plaisantait ou quoi ? Il se rapprochait enfin de moi, il me prenait enfin les mains dans un geste doux et affectueux, et tout ça pour reparler de Montse ! Je ne savais pas si j'allais l'adorer mais ce qui était certain c'est que Jésus faisait tout pour me la faire détester. J'ai dégagé mes mains des siennes et j'ai piqué une tête. J'ai nagé et nagé tout en me répétant : « Et moi, je ne suis pas extraordinaire pour lui ? Il joue à quoi ? » Finalement il est comme tous les garçons de mon collège. Ils disent un truc à l'une et le lendemain la même chose à l'autre. Il y en a même qui proposent à plein de filles de sortir avec eux en pensant que ça finira bien par marcher. Alors que nous, les filles, on prend ça au sérieux et ça nous torture pendant des nuits, on se fait des films pendant qu'eux ils s'en fichent complètement ! Et si ça marche avec une, ils échangent leurs informations, comme si on était du bétail. Ils veulent coucher. Un point c'est tout. Je croyais Jésus différent des autres garçons de mon âge mais il est juste identique. Il n'y aura jamais rien entre lui et moi. En fait il n'y a jamais rien eu, j'ai juste déliré façon adolescente en mal d'amour parce que oui, je pense qu'être amoureux c'est un des trucs les plus géniaux de la vie, même si ça ne m'arrive jamais. J'en ai marre.

À bout de souffle, je me suis arrêtée de nager. J'ai tourné mon visage vers le rivage. Jésus approchait. Il était encore plus essoufflé que moi. Au moins une discipline où je le dominais. Il s'est arrêté de nager pour me dire de revenir, j'étais trop éloignée du rivage. Je n'ai pas eu envie de l'écouter. Même à bout de souffle, j'ai repris mon crawl. Quelques secondes plus tard, un scooter des mers, avec deux sauveteurs l'air pas contents du tout, s'est approché. Ils ont éteint leur moteur et parlé en espagnol. Après avoir noté mon peu de réactions, ils ont repris en anglais pour me dire que je n'avais pas à nager aussi loin, que c'était risqué, qu'ils m'ordonnaient de faire demi-tour. Comme si ma mère leur avait passé le mot, « faites attention, ma fille est un peu débile », ils m'ont escortée jusqu'à la zone de baignade autorisée.

J'avais l'air totalement ridicule.

J'étais ridicule.

La sensation que la plage m'observait en chuchotant « la pauvre petite, elle est complètement cinglée, peut-être même droguée ! ».

Garance m'attendait en pleurant. Elle m'a enlacée. J'ai de nouveau entendu des chuchotements imaginaires, « et en plus, faire ça devant sa petite sœur, totalement irresponsable, quel exemple, la mère devrait se méfier, ne plus lui confier la petite ! ».

Elle avait cru que j'allais mourir noyée et elle me jurait d'être la plus gentille des petites sœurs et de ne plus jamais rien faire pour m'énerver.

Ça m'a trop émue.

J'en ai eu les larmes aux yeux.

8.

Jésus et Montse ont eu l'élégance de ne pas faire de commentaire sur ma mésaventure, ni à moi ni à ma mère.

Garance, *idem*. Elle ne voulait pas trahir notre pacte de « secret de sœurs ». Or, si elle parlait des sauveteurs des mers à Val, elle parlait forcément de mes sentiments pour Jésus. Pour elle, les deux étaient liés : j'avais tenté de me suicider par amour. Elle était encore toute retournée.

Pendant que Montse, Jésus, Gustavo et maman préparaient un nouveau *picoteo* (on passait notre temps à grignoter plutôt qu'à s'installer pour un vrai repas et ça c'était plutôt cool), j'ai entrepris de la rassurer :

– Garance, ça n'arrivera plus. Je ne pensais pas être aussi loin du rivage. Je ne me suis pas noyée. Ils m'ont simplement empêchée d'aller plus loin.

– Oui, pour justement ne pas avoir à repêcher une morte.

– Garance, je t'assure, je tiens trop à la vie, je vais pas risquer la mort pour un garçon qui ne m'a encore jamais dit je t'aime...

– J'espère bien que même s'il te l'avait dit et qu'après il t'avait dit je ne t'aime plus, tu ne donnerais pas ta vie pour ça !

Ma petite sœur aussi était en mutation, doucement en train de reléguer aux oubliettes son monde de princesses. Entre deux âges. Presque plus une enfant et pas encore une adolescente, une préadolescente. Je lui ai fait un gros câlin. On s'est dit des tas de mots d'amour. Elle a semblé apaisée. Tant mieux parce que ma petite nage m'avait ouvert l'appétit.

Entre deux bouchées de chorizo, j'ai noté que Garance faisait clairement la tête à Jésus et Montse, qu'elle jugeait responsables de mon moment d'égarement.

– Je suis désolée d'avoir accaparé Jésus, m'a chuchoté Montse, en anglais dans le texte.

J'ai jeté un regard noir à Jésus.

Il ne pouvait pas la fermer !

Il était obligé de tout lui raconter ?

De lui dire que je m'étais sentie abandonnée ?

– Il n'y a aucun problème, Montse. Absolument aucun ! Simplement, en Inde, j'avais pris l'habitude d'être seule avec lui. On était *non stop* ensemble.

– Pas au début, si j'ai bien compris, elle m'a répliqué en esquissant un large sourire ironique.

C'est pas vrai ! Jésus était une véritable pipelette ! Il lui avait aussi raconté que nos premiers échanges en Inde avaient été plus que houleux ! Heureusement, son portable s'est mis à vibrer en continu et elle s'est concentrée sur ses messages.

– Excuse, Nina, c'est pour le *botellón* de ce soir !

– Le quoi ?

– *El botellón*, tu verras, ça va te plaire.

J'ai acquiescé en pensant que *botellón* ressemblait au mot *botella* qui signifie « bouteille ».

– *Botellón*, on va boire ?

– *Yes, a lot, botellón means big bottle!*

J'ai alors compris le sens de « grande bouteille ».

Les jeunes n'ont pas assez d'argent pour se saouler dans les bars avant d'aller en boîte, alors ils se saoulent dans les parcs. Et ceux qui ne vont pas en boîte se saoulent aussi.

C'est la même chose en France et sans doute dans le monde entier. De toute façon, vu la journée que j'avais passée, j'étais prête à toute nouvelle expérience !

Montse m'a dit de prévoir des vêtements cool dans lesquels je serais à l'aise. Ce n'était pas compliqué. Je ne suis pas du style minijupe sur talons plateformes. Pas non plus t-shirt de sport sur jogging informe, bien sûr !

Montse m'a aussi dit de prévoir des affaires pour la nuit. C'était plus simple qu'on dorme tous chez elle car elle habitait à côté du parc où la « grande bouteille » avait lieu.

Quand Garance a compris que je sortais, elle a chougné :

– Les vacances c'est fait pour être ensemble et tu me largues dès le deuxième soir. En plus, pour aller avec ceux qui te font du mal !

– Garance, qu'est-ce que ça peut te faire ? Dans moins de deux heures tu seras couchée. Peut-être que je rencontrerai des gens sympas de mon âge. Je te jure, si c'était pas juste une soirée de grands, je t'emmènerais.

– Fais attention, s'il y a un lac dans le parc, ne va pas te baigner !

– Juré, craché, je reste sur la terre ferme !

On a rigolé.

Le plus étonnant, finalement, a été l'attitude de maman. Elle était sur la terrasse avec Gustavo qui fumait et elle en était à son énième verre de *vino tinto de verano*.

– Maman, je peux aller dormir chez Montse ?

– Tu es certaine que tu n'es pas fatiguée, tu ne préfères pas sortir demain ?

– Non, je t'assure...

– Bon, d'accord !

J'étais presque choquée. Elle ne m'a même pas demandé où c'était, si on comptait sortir et de lui envoyer un SMS pour lui dire que j'étais bien arrivée chez Montse !

Incroyable comment, après quelques verres et beaucoup de tapas, elle pouvait me laisser seule dans la ville !

Elle m'a embrassée tout en se resservant un verre et en piquant un morceau de *queso*. Une chose était certaine, Barcelone n'était pas la ville de la détox pour elle, et le retour sur sa balance à Paris risquait d'être violent !

On a pris le métro jusqu'à chez Montse qui habitait Poble Sec. J'ai fait la connaissance de sa mère. Enfin, connaissance, c'est beaucoup dire. Elle nous a à peine calculés. Elle était au téléphone, en pleine explication houleuse.

– Avec son patron qui lui prend la tête, a précisé Montse.

Son grand frère était un peu particulier. Un geek à peau blanche qui s'éclatait avec ses copains par écrans interposés et devait être relié à un tas de réseaux de jeux dont je ne connais même pas l'existence.

– Au lieu de poursuivre une grande école de numérique, il travaille dans un fast-food. Il s'est déjà fait arrêter plusieurs fois pour téléchargement illégal. C'est vraiment du gâchis, a précisé Montse.

– Il a encore le temps de changer, il a juste vingt ans, j'ai dit.

– Ça m'étonnerait !

Montse lui a demandé de faire une minipause d'écran pour aller au supermarché nous acheter une bouteille de vodka. Les caissières lui avaient déjà demandé sa carte d'identité comme à tous ceux qui leur semblaient plus mineurs que majeurs. Visiblement ça embêtait son frère de retourner dans le monde réel, mais Montse lui a proposé de prendre pour lui deux paquets de chips et il a été plus motivé.

En attendant son retour, Jésus nous a fait marrer en nous racontant comment la mère de Montse, quand son fils était petit et faisait une bêtise, l'envoyait dans sa chambre pour le punir. Elle a arrêté de lui dire d'y aller quand elle a réalisé que c'était justement le lieu où il s'amusait à merveille avec tout un tas d'écrans. Le jour où elle l'a compris, c'était trop tard : il ne voulait plus sortir de sa chambre !

9.

Dans le grand parc de Montjuic, il y avait déjà des dizaines de groupes de jeunes en plein *botellón*. Debout ou assis avec un verre ou une bouteille à la main. Ça parlait fort. Les voix se mêlaient et les musiques aussi puisque chaque groupe avait au moins une enceinte Bluetooth avec le volume à fond. Pop et rap se confondaient. Variétés espagnoles et électro. Rock et reggae. Vraiment pour tous les goûts.

– Surtout pas un mot de notre soirée à ta mère, m'a précisé Montse.

– Tu crois que les parents ne savent pas ce qu'on fait ?

– Ils savent que ça existe mais c'est bien de les laisser dans le doute, qu'ils n'aient pas la certitude que tous les week-ends t'es dehors en train de boire et de fumer !

Si un jour je suis mère, je ferai comme si je ne savais rien quand mon ado rentrera en fin de matinée en prétextant qu'il a dormi chez un copain, qu'ils ont juste maté un film, certes, un peu tard, mais qu'ils n'ont pas bougé de la soirée !

Arrivés dans notre *botellón* à nous, Montse m'a présentée à un nombre incalculable de jeunes. Tous très chaleureux. C'est toujours comme ça quand vous êtes l'« étrangère » du groupe. Les gens viennent vers vous avec leurs trois mots de français et après quelques formules de politesse, ils se remettent illico à parler dans leur langue. Tant pis pour vous si vous ne pouvez pas les suivre. Ce que je peux comprendre, parce que passer une soirée à articuler et parler lentement, c'est pas top.

Jésus voyait que j'étais larguée. Il faisait son possible pour m'intégrer au groupe.

Horrible, cette sensation d'être le boulet de la soirée, la paumée du coin, la correspondante étrangère qu'on est obligé de sortir. Elle était sympa sur photos mais alors, dans la réalité !

J'étais plantée au milieu d'eux en essayant de rire quand ils riaient. De toute façon, même avec un niveau bac mention très bien en espagnol, c'était impossible de les suivre. Toujours la même mitraillette verbale sans aucune pause pour reprendre leur souffle. Comment faisaient-ils ?

J'ai bu un verre, puis deux, puis trois. Jésus avait retrouvé des tas de copains perdus de vue depuis l'école maternelle, puisqu'il avait quitté Barcelone à six ans pour Londres puis Bruxelles (sa mère ne supporte pas de rester plus de cinq ans au même endroit).

Jésus s'amusait et m'avait oubliée. Quant à Montse, elle connaissait même les gens des autres groupes de *botellón* et soudain elle a foncé droit vers moi, l'air satisfait, avec à ses côtés un garçon qui avait franchement oublié d'être moche.

– J'ai résolu ton problème. Je te présente Luis.

– Ravi de faire ta connaissance, m'a fait Luis dans un français parfait.

Luis était du Honduras et avait suivi les cours du lycée français jusqu'à la troisième, puis ses parents avaient émigré en Espagne. Avec lui, je n'avais pas la sensation d'être le boulet de service. Il semblait heureux de parler avec une Parisienne. À mon avis, si je lui avais dit que j'étais de Montpellier, ça l'aurait nettement moins séduit. J'ai souvent noté la fascination des étrangers pour Paris. Moi aussi j'étais fascinée par cette ville quand j'habitais Dublin. Je pensais que les Parisiens vivaient dans la plus belle ville du monde.

Tout en répondant aux questions de Luis au sujet de Paris, j'observais Jésus. Souvent collé à sa cousine, il ne se souciait pas de savoir comment j'allais. Montse avait dû lui dire qu'elle avait trouvé un gars qui parlait français pour leur petit boulet !

Jésus n'arrêtait pas de se marrer avec tout le monde. Je repensais à ma première impression de lui à l'ashram. Un sans-ami. Un sociopathe. Valait mieux que j'évite psycho comme études, parce que c'était comme les maths, j'étais de niveau faible.

Je ne sais pas si c'était ce sentiment que Jésus se fichait de moi ou le nombre de vodka-pomme ingurgitées (j'en étais à ma cinquième ou sixième et même si je les buvais légères, je les buvais quand même !) mais je commençais à avoir mal au cœur.

– T'as besoin d'aide, m'a fait Luis en me soutenant par le bras. Assieds-toi.

Il m'a servi un verre de jus de pomme sans vodka. Mais, assise, c'était pire que debout.

Je me suis relevée.

– Jésus te plaît ? m'a dit Luis en me tendant cette fois un verre d'eau.

– Pourquoi tu me dis ça ?

– Tu n'arrêtes pas de l'observer.

Je me suis appuyée contre un arbre (ainsi ma tête tournait moins) et j'ai tout raconté à Luis. Vraiment tout. L'Inde. L'ashram. Ma mère. Garance. Fulki. Behru. Le mariage forcé. Ma rencontre avec Jésus et comment je l'avais d'abord étiqueté comme un premier de la classe arrogant avant de le trouver drôle, gentil, passionnant, ouvert, sans jugement. Et puis comment peu à peu j'avais ressenti autre chose que de la pure amitié et comment nos adieux sur le quai de la gare, marqués par un furtif mais néanmoins réel bisou-bouche, m'avaient troublée. Même si je n'avais pas voulu me monter la tête, eh bien j'avais espéré que nos retrouvailles en Espagne seraient un grand moment. Or depuis le matin, il n'avait même pas cherché à retrouver notre complicité amicale. Il était soi-disant à Barcelone pour moi mais en fait il avait profité de sa venue pour voir Montse.

Ceux qui assurent que l'alcool lève les inhibitions ont raison : je venais de rencontrer Luis et lui déballais ma vie. Il écoutait avec attention. Les histoires de cœur l'intéressaient et j'ai insisté pour avoir son avis de mec.

– Son comportement peut s'expliquer de plusieurs manières, m'a-t-il dit. Une forme de timidité, peut-être, tu fais vraiment femme à côté de lui.

J'ai regardé mes gros seins.

Il a repris :

– Je ne pensais pas à ça en particulier mais plutôt à toi en général.

Aïe ! J'ai un peu rougi de ma réaction instinctive. C'est à cause de mon père et de son humour, que ma mère qualifie de potache.

– Ma sœur a dix-huit ans et si tu étais dans son groupe d'amies, ça me paraîtrait naturel.

– Merci, dis que je fais vieille !

– Mature, pas vieille ! Jésus a peut-être besoin d'un peu de temps pour retrouver ses marques avec toi, parce que justement tu n'es pas qu'une amie. Mais bon, ne te mets pas non plus dans le rôle de la fille qui attend. Tu comprends ?

– Je comprends. Je peux être patiente mais pas dans l'attente, faut que je profite de mes vacances quoi qu'il arrive.

– C'est ça, Nina. En tous les cas, moi, si je n'étais pas gay et que je sentais que je te plaisais, tu m'attirerais énormément.

Luis était trop fort. Il venait en une seule phrase de me rappeler que, au cas où j'aurais une attirance pour lui, il n'était pas intéressé, tout en me rassurant sur mon attractivité.

– Merci, mais ça va, je ne vais pas m'effondrer en larmes.

Il a tendu son verre et on a trinqué.

Jésus nous a enfin rejoints. On s'est rapidement retrouvés à quatre, Montse n'étant pas décidée à lâcher son cousin. Évidemment, ils sont repassés à l'espagnol. J'ai encore bu une vodka puis une autre et peu à peu j'ai recommencé à ne pas me sentir bien du tout.

Je me suis assise.

Ça tournait.

Je me suis relevée.

Ça tournait.

J'ai jonglé pendant quelques minutes comme ça.

Assise. Debout. Assise.

Mais assise ou debout, j'avais la sensation que ma tête partait très fort en arrière.

– Viens, faut que tu vomisses, m'a soudain dit Jésus.

– Non, je m'en occupe, a fait Montse en voyant mon air désespéré d'aller vomir en compagnie de Jésus.

Enfin elle avait pitié de moi ! Je me suis éloignée avec

Montse et… ce qui s'est passé ensuite… je préfère oublier parce que raconter une partie de vomi, je ne vois pas trop l'intérêt.

Je peux juste préciser que du coup ça a écourté la soirée de Jésus et de sa cousine. Ils m'ont raccompagnée illico chez Montse.

Je me suis écroulée sur un matelas avec une bassine à côté de moi. Vive le *botellón* de la petite Parisienne ! Je préférais ne pas imaginer les remarques de Montse.

« C'est vraiment un cadeau, ta copine ! Elle fait trois brasses, elle rameute les gardes-côtes. Elle boit trois vodkas et il faut jouer les infirmières. Rassure-moi, t'en connais une seule comme ça !? »

10.

Dur réveil. Particulièrement pour mon crâne. Il était comme coupé en deux. Chaque partie vidée de l'intérieur.

Il était 15 heures, j'avais dormi douze heures et j'étais épuisée. J'ai bougé un pied. Il n'y avait pas que ma tête qui me faisait mal, tout mon corps me faisait mal.

J'avais encore mon jean. Montse n'avait pas dû oser me l'ôter complètement mais m'avait permis de respirer en dégrafant ma ceinture. Elle m'avait aussi enlevé mes baskets et mes chaussettes. J'étais moite. J'avais dû transpirer un maximum. J'ai mis quelques minutes avant de réussir à me relever et à me regarder dans le miroir. J'étais horrible, les traits boursouflés, un peu comme quand j'ai pleuré, sauf que là ce n'était pas dû à des larmes. C'était juste ma première grosse cuite et j'avais trouvé le moyen de la faire devant Jésus. Il avait dû me voir dans un état ! Rien que d'y penser, j'avais de nouveau envie de vomir.

À chaque fois que j'avais observé des gens complètement saouls, je les avais trouvés déprimants et nuls.

J'étais déprimante et nulle. J'accumulais les gaffes avec Jésus. S'il me reléguait à jamais dans la catégorie des copines-potes avec qui on va vomir en chœur et péter à l'occasion, fallait pas que je m'étonne !

J'ai mis du temps à sortir de la chambre et à oser jeter un œil dans le salon. Je devais le traverser pour me rendre dans la salle de bains. J'ai lancé un vague salut à Jésus et Montse, rivés à leur tablette.

– Ça va ? m'ont-ils demandé en chœur en anglais.

– S'il vous plaît, fermez les yeux...

Ils ont ri et ont consenti à garder les yeux sur leur tablette.

Un peu d'eau sur la tête, ça faisait un bien fou. Je sentais l'alcool, la transpiration et même la clope, alors que je ne fume pas. J'avais non pas une barre mais une poutre dans la tête.

Je suis passée sous la douche. J'y suis restée longtemps. Vraiment longtemps, car Montse a fini par frapper à la porte.

– Tout va bien, tu as besoin de quelque chose ?

– Une aspirine.

Quand je suis enfin sortie de la salle de bains, Montse m'a tendu un verre où flottait une pastille effervescente.

– Merci...

– Café, thé ?

– Thé !

J'avais peut-être jugé Montse un peu vite. Elle était hypergentille avec moi alors que je lui avais flingué la moitié de sa soirée.

Ne pas oublier : avant, elle m'avait flingué mes retrouvailles avec Jésus.

Match nul. Balle au centre. *No* culpabilité.

Mon amie Alice me dit toujours que je suis trop rancunière, capable d'en vouloir encore à une fille qui m'a piqué mon chouchou en maternelle !

Je suis retournée dans la chambre. Dans mon sac à dos, j'avais de quoi me changer. Même de quoi me maquiller et tenter de ressembler à quelque chose d'humain. Il y avait du boulot !

J'ai ouvert mon sac. À l'intérieur, ce n'était pas mes affaires.

J'avais à ce point bu que je confondais les choses ? Ma gueule de bois me jouait un sale tour ?

J'ai observé le sac en le tendant à bout de bras. Toile couleur noire et fond en cuir marron. Protection molletonnée au dos. Bandoulières molletonnées. Un compartiment. Une poche à l'avant. La marque Eastpak bien visible. Pas de doute, c'était bien mon sac. J'ai de nouveau regardé à l'intérieur. Là non plus aucun doute, le contenu n'était pas le mien. Il y avait un gros trousseau de clés. Un paquet de cigarettes. Un briquet. Un mascara vert. Une crème teintée. Un petit cahier de dessin à spirale. J'ai de nouveau observé le sac. C'était le mien mais en beaucoup plus usé.

Donc pas le mien !

Le sac qu'on traîne partout depuis des années. On l'aime justement pour ça. Impossible de s'en séparer. J'avais pris le sac d'une fille qui avait dû embarquer le mien.

Stop. Retour arrière : hier soir, je n'étais pas sortie au *botellón* avec mon sac mais juste avec une pochette dans laquelle j'avais mis mon téléphone, un gloss, une vingtaine d'euros et ma carte d'identité.

Ouf, ma pochette était devant moi, au sol.

Et mon sac à dos ?

J'ai soulevé deux oreillers et un tas de fringues, et je l'ai vu et ouvert. C'était bien le mien. Celui où la veille j'avais mis de jolies petites affaires pour passer la nuit dans la même chambre que Jésus. Sauf qu'au final je m'étais écroulée avec mon jean et les dents pas lavées. Enfin c'était déjà ça. J'avais mon sac. Une galère de moins à mon palmarès déjà bien garni depuis vingt-quatre heures.

Je devais me concentrer et tenter de reconstituer la fin du *botellón*. Montse qui m'accompagne dans un coin pour vomir et Montse à qui je demande de s'éloigner, elle me dit qu'elle va chercher de l'eau, je m'éloigne du vomi, je bute dans ce sac que je prends pour le mien, je m'assieds, Montse revient avec de l'eau, on se relève, je tiens le sac à dos et repars avec en pensant logiquement que c'est le mien puisqu'il est comme le mien et que je ne suis pas du tout en état de me dire : « Mais voyons, petite Nina, repose ce sac dont tu n'es pas la propriétaire. »

Je l'ai de nouveau observé : c'était le mien en plus usé. Et maintenant je faisais quoi ? J'ai ouvert le cahier à spirale, à la recherche d'une adresse. Il n'y avait que des dessins, des personnages angoissés, des moitiés de personnages, des visages sans corps ou des corps sans tête. J'ai refermé le cahier.

Je suis sortie de la chambre.

– Il est à vous ? j'ai fait d'un ton super-naturel en désignant le sac à dos.

– C'est le tien, a fait Jésus.

– Justement, vous vous souvenez si hier soir je suis rentrée avec... ?

– Tu avais ce sac, a fait Montse. Je te l'ai même porté parce que t'étais pas en très bon état.

– Merci, Montse, mais ce n'était pas mon sac !

Regards interloqués. J'ai raconté.

Retour groupé dans la chambre pour constater que j'étais bien en possession de deux sacs différents.

Mon regard a croisé celui de Montse. Elle semblait dire, à l'attention de Jésus : « Elle ne s'arrête jamais, un vrai festival à elle toute seule ! »

Jésus a patiemment inspecté le sac à la recherche d'un nom, d'un téléphone qui permette de contacter sa propriétaire. En vain. Il a alors feuilleté le cahier page par page. Mais là encore, aucun indice sur la propriétaire qui, si elle ressemblait aux morts vivants qu'elle dessinait, ne devait pas se marrer tous les jours.

11.

Une seule envie : rentrer chez Gustavo me recoucher. Montse et Jésus ont insisté pour que je prenne un peu l'air.

On a traversé le quartier du Raval, Jésus a voulu qu'on s'arrête devant sa sculpture préférée de Barcelone, *El gato del Raval*. Un immense chat en bronze créé par l'artiste colombien Fernando Botero, célèbre pour ses portraits de femmes très rondes.

Je suis montée dessus. Jésus aussi. On a fait des tas de photos. Je les ai postées sur mon groupe de filles. Aussitôt une cascade de « J'aime » et de « J'adore ».

Pour rigoler, Jésus a aussi fait une photo de moi entourée des deux sacs identiques.

– Une souvenir de ton premier *botellón* !

J'ai souri, histoire de ne pas être cataloguée comme la gaffeuse qui en plus fait la gueule, et j'ai proposé de faire une photo du sac et de la poster sur les réseaux sociaux.

– S'il appartient à quelqu'un qui était hier au *botellón*, ça peut aider à le retrouver.

Aussitôt dit, aussitôt fait.

On a partagé la photo du sac sur nos fils d'actualité respectifs. Montse a invité ses amis à la partager le plus largement possible – c'était elle qui connaissait le plus de gens susceptibles d'être présents la veille au *botellón*.

On a repris notre chemin jusqu'à la Rambla la plus célèbre d'Espagne et sans doute d'Europe, qui sépare les quartiers du Raval et du Gotic.

Rambla, en espagnol, désigne une large avenue bordée d'arbres et munie d'un trottoir central dédié à la promenade et justement, des milliers de personnes s'y baladaient. Une véritable masse humaine ininterrompue. On piétinait, butant les uns sur les autres et sur les centaines de valises à roulettes que les touristes traînaient dans un brouhaha incessant.

Puis on a quitté la Rambla pour traverser le Gotic. Là encore, des milliers de gens et d'enseignes de vêtements, de souvenirs, de chaussures, comme un immense centre commercial à ciel ouvert.

– La ville n'appartient plus aux Barcelonais, a affirmé Montse. C'est un parc de jeux pour touristes. Les Barcelonais ne peuvent plus consommer dans l'hypercentre parce que les prix sont faits en fonction des touristes. Nous, on n'a pas les mêmes salaires que les Français, les Anglais, les Hollandais ou les Allemands. Même les étrangers qui ne gagnent pas plus que nous, quand ils viennent ici en vacances, c'est pour dépenser. C'est compliqué aussi pour se loger. Les propriétaires augmentent les loyers et leur louent à eux plutôt qu'à nous. Dans ce quartier, il n'y a plus une boutique pour acheter du vin, ou du pain, ou du fromage, ou du jambon. À chaque fois qu'un commerce comme un boucher, un poissonnier ou un boulanger ferme, c'est remplacé par un magasin de vêtements ou de souvenirs, ou par un bar ou un restaurant.

Vu sous cet angle, même si je n'avais pas envie de donner raison à Montse, j'étais obligée d'acquiescer. Sans compter qu'en traversant la Rambla j'avais instantanément compris ce que signifiait être envahi par les touristes.

Montse employait d'autres mots que Gustavo ou ma mère, mais finalement elle racontait exactement la même chose, et sans doute que l'ensemble des Barcelonais auraient été d'accord.

Au bout du Gotic, une grande avenue de plus de un kilomètre, la Via Laietana, marque la fin du Gotic et le début du Born.

Là, même si on était encore dans l'hypercentre, c'était un peu plus calme. Dans le Born, il n'y avait pas les grandes enseignes de vêtements que l'on retrouve dans toute l'Europe, mais de jolies et chères petites boutiques où je ne peux rien m'acheter, comme celles que j'ai à Paris dans mon quartier des Batignolles.

Montse voulait nous entraîner dans le parc de la Ciutadella. J'étais épuisée. Je ne demandais qu'à dormir. En me laissant dans le bus qui s'arrêtait pile devant chez

Gustavo, Jésus a répété trois fois à la chauffeuse de ne pas oublier de m'avertir quand je devais descendre. Elle a eu un sourire plus que bienveillant à mon intention, comme si j'étais une petite fille.

Arrivée à destination, Gustavo m'a ouvert la porte d'entrée après un long moment d'attente.

– *¿Hola Nina, qué tal?*

Son « Bonjour, comment ça va ? » n'était pas comme celui qu'on sort automatiquement à chaque rencontre, mais plutôt avec le sous-titre : « T'es sûre que ça va, t'as vu la tête que tu as ! »

Et la sienne alors ? Gustavo était ébouriffé comme quelqu'un qui sort du lit !

– Ta mère se repose, une petite sieste.

– Garance aussi ?

– Elle est chez la voisine qui a une fille un peu plus petite.

Ha, ha ! Gustavo sortait peut-être vraiment du lit, alors, et peut-être qu'il n'était pas seul dans son lit... Cela expliquait le temps qu'il avait pris avant de m'ouvrir.

Je suis montée dans la chambre, ma mère était couchée.

– Ça va, Nina ? elle m'a fait d'un ton très ensommeillé.

– Oui, maman, ça va.

Je ne sais pas pourquoi, j'ai tout de suite noté qu'il n'y avait pas ses tongs au pied de « notre » lit.

Je suis redescendue pour aller dans la salle de bains. En passant devant la chambre de Gustavo, j'ai glissé un œil par la porte entrouverte : les tongs de ma mère se trouvaient au pied de son lit à lui.

Pas besoin d'être la fille cachée de Sherlock Holmes pour en déduire que ma mère était bien dans le lit de Gustavo pour la « sieste » depuis qu'ils avaient eu la bonne idée d'envoyer Garance chez la voisine !

Je suis remontée. J'avais de nouveau un peu la gerbe. Est-ce que c'était les restes (ma mère dirait les « reliquats ») de vodka-pomme de la veille ou l'image de ma mère et de Gustavo dans le lit en train de faire des trucs ?

Ça me fait toujours ça lorsque je pense à ma mère ou à mon père en train de faire l'amour avec quelqu'un ou en train de le faire ensemble quand ils m'ont conçue. Je ne sais pas si je suis spécialement coincée, mais mon amie Alice a la même réaction. Elle est peut-être aussi coincée que moi et c'est pour cette raison que nous sommes si proches !

Si ça se trouve, ma mère avait passé toute la nuit auprès de Gustavo parce que, lorsque Garance dort, comme je l'ai déjà dit, aucun risque qu'elle se réveille. Une fois, en Irlande, elle a même réussi à continuer à dormir alors que l'alarme incendie de l'immeuble s'était déclenchée. Il était 4 heures du matin et ça résonnait tellement fort que ça prenait au niveau de la tête et du ventre, mais ma sœur dormait. Mon père et moi, au lieu de se dépêcher de la réveiller et de sortir, on est restés quelques secondes fascinés par cette enfant qui avait juste dans un geste de protection naturelle enfoui ses oreilles sous la couette pour continuer à dormir. Heureusement, c'était juste un fêtard qui avait jeté un mégot de cigarette encore allumé dans l'ascenseur.

J'ai regardé ma mère en mode belle (fausse) endormie sans ses tongs au pied du lit. J'avais là l'explication de pourquoi la veille elle avait trouvé « super » que j'aille dormir chez Montse sans m'abreuver de questions comme d'habitude lorsque je découche chez une copine.

Je me suis allongée à côté d'elle.

– Alors, ta soirée ? elle a continué du ton belle (fausse) endormie.

– Super.

– Vous avez fait quoi... ?

Elle jouait trop bien la comédie, quasiment mieux que moi. J'ai failli lui rétorquer « ma soirée a été moins "intime" que la tienne », mais j'ai préféré garder ma cartouche Gustavo pour un autre moment.

– On a retrouvé des copains de Montse dans un parc. Rien de particulier, on a discuté et on a écouté de la musique, c'était super-cool.

– Tu t'es couchée tard ?

– Assez pour moi aussi avoir besoin d'une petite sieste !

J'ai fermé les yeux. L'air frais du ventilateur me faisait un bien fou. J'étais épuisée mais le sommeil ne venait pas. Jésus accaparait toutes mes pensées. Je devais me calmer.

Ne pas me raconter d'histoires.

Pfff, comme si c'était mon genre !

Ce n'était pas des histoires. Juste déçue qu'il ne m'ait pas proposé de me raccompagner jusqu'ici et laissée rentrer seule en bus ! Déçue qu'il préfère passer l'après-midi avec Montse.

Ce n'était plus le Jésus de l'ashram. Si ça se trouve, en Inde, il était resté avec moi uniquement parce qu'il n'avait personne d'autre.

J'ai regardé ma mère en phase active de belle (fausse) endormie. Elle avait quarante-neuf ans et elle était célibataire. Elle avait raison d'en profiter. Le plus surprenant, c'est qu'elle en « profitait » avec un homme qui fumait, mangeait des sucres raffinés (ma mère ne fait que dans les sucres roux et les farines complètes), et buvait toutes sortes de sodas, notamment dans le vin.

J'étais épuisée et pourtant le sommeil ne venait toujours pas. Seul Jésus revenait. Pour le chasser, je me suis concentrée sur le cahier de dessin. Les visages inquiétants et tristes. Qui les avait dessinés ? Une adolescente archi mal dans sa peau. Désespérée ?

Je l'imaginais gothique comme une fille de ma classe. Fan de mangas, elle parle uniquement aux autres gothiques du collège. Elle rêve de partir au Japon. Elle est dispensée d'éducation physique pour des problèmes de dos. Une fois, comme elle était seule pour un exposé, Alice et moi lui avons proposé de nous mettre avec elle. C'était un peu intéressé parce que, en français, elle est super-forte. Quand elle nous a passé son document de travail, il y avait des têtes de mort dessinées partout. C'était flippant mais super bien dessiné. J'en ai conservé une que j'ai affichée dans ma chambre. Je lui ai fait une photo. Elle m'a dit que c'était gentil mais qu'elle savait que ça ne valait rien. Encore une qui n'a aucune confiance en elle. On devrait fonder un club.

Mon téléphone a vibré. Message de Jésus. Sa grand-mère venait de se casser le col du fémur. Il devait retourner en urgence au *pueblo* pour s'occuper de sa petite sœur, car sa mère était en retraite en tente de sudation. Il me préviendrait dès que je pourrais venir le rejoindre. En attendant, Montse pouvait s'occuper de moi. Trop gentil ! S'il croyait que j'avais besoin d'une baby-sitter comme Montse !

12.

J'ai fini par dormir jusqu'au coucher du soleil et Garance, rentrée de chez la petite voisine, attendait avec impatience mon réveil pour me bombarder de questions sur ma soirée avec Jésus.

Je lui ai tout déballé.

Conclusion de Garance :

– Quel bâtard !

– Garance, on ne parle pas comme ça !

– Tu parles bien comme ça avec tes copines !

Garance virait doucement en mode préado, du coup, plus de doute, je pouvais lui avouer ma grosse cuite.

– Tu fais pitié, Nina !

– Je jure que ça n'arrivera plus.

– Serment d'ivrogne, comme dit mamie au sujet de papa.

Rires.

Papa n'est pas alcoolique. Il est irlandais et descend ses pintes de bière comme tout Irlandais normalement constitué.

J'ai raconté à Garance l'histoire du sac. Elle a adoré et était plus que partante pour chercher la propriétaire. Un côté *Club des cinq* qu'elle n'a jamais lu – moi non plus d'ailleurs. Ma grand-mère a toute la collection. Elle appartenait à ma mère, les pages sont jaunies et les illustrations trop ringardes.

En attendant d'aller enquêter, comme le voulait Garance, j'ai sorti le cahier de notre mystérieuse inconnue. Sur certains dessins, elle appuyait son trait avec un feutre noir ou rouge qui ressemblait à un pinceau. Elle ne représentait que des personnages sans décor et toujours en morceaux.

Que ce soit des visages sans corps ou des corps sans visage, c'était toujours des personnages maigres, squelettiques.

– Elle dessine trop bien. Elle doit être dégoûtée d'avoir perdu son cahier.

– J'aimerais le lui rendre et pouvoir m'excuser de l'avoir embarqué.

– Si ça se trouve, elle l'avait déjà perdu et au contraire tu l'as retrouvé.

Garance est de nature très positive.

– Peut-être, et puis lui rendre les clés, aussi, elle n'a même pas dû pouvoir rentrer chez elle.

Garance était concentrée sur les dessins :

– Ce sont des hommes ou des femmes ?

– Ça pourrait être les deux.

– Tu ne peux pas être les deux à la fois.

– Quand tu dessines, tu peux tout imaginer. C'est comme quand tu écris, tu crois qu'un Chat botté ça existe, peut-être ?

– Ça va, j'ai compris. Donc on fait une photo d'un dessin et on le publie ?

J'ai hésité. Certains écrivent, d'autres expriment leurs émotions en dessinant. C'était le cas ici. J'avais comme l'impression de publier une partie d'un journal intime qui ne m'appartenait pas.

Garance comprenait mon hésitation mais insistait :

– On peut les publier sans écrire : *Dessins retrouvés dans sac Eastpak, parc de Montjuic, pendant le* botellón *où ma grande sœur chérie a pris sa première grosse cuite.*

– OK, on en publie un seul, avec une formule appropriée.

On a passé une heure à choisir le dessin. On a opté pour une tête sans corps et non le contraire, ça nous paraissait moins morbide. On a passé une autre heure à chercher une phrase pour finalement écrire un truc super-nul : « Trop stylé. »

Message privé pour expliquer notre démarche à Jésus, Luis et Montse. Je leur ai demandé de partager au maximum sans faire le lien avec le sac et le *botellón* pour ne pas risquer de blesser l'intimité de l'auteure.

Questions des trois autres : Et si on nous demande qui a fait ça ?

Ma réponse : On sait pas, on cherche.

Accord conclu avec les trois autres.

En attendant des nouvelles, Garance et moi avons regardé une énième comédie romantique.

Mauvaise pioche !

Impossible de se concentrer sur l'histoire. Je ramenais tout à Jésus et à moi, en me suppliant d'arrêter de me raconter des histoires.

Pfff, comme si c'était mon genre !

Jésus et moi étions comme les personnages des comédies romantiques. Deux personnages que tout sépare au départ. Ils ne peuvent pas se supporter. Ils finiront pourtant par tomber passionnément amoureux, malgré une succession d'événements complexes truffés de rebondissements et de drôlerie (au moins pour le spectateur). C'était toujours la même construction d'histoire. Sauf que Jésus et moi, on avait le début de la comédie romantique, un peu du milieu, mais pas du tout la fin.

On ne terminait pas dans les bras l'un de l'autre !

On ne terminait nulle part !

– Je ne veux plus jamais revoir Jésus ! j'ai fait en éclatant en sanglots.

– Mais c'est pas ce que tu as dit avant de partir, elle m'a répondu en mettant sur « pause » et en me prenant dans ses bras. Tu avais juré que tu te montais pas la tête, que ça resterait un ami, que t'allais pas faire comme toutes tes copines qui se racontent plein d'histoires. (J'avais momentanément oublié mes bonnes résolutions.) Et puis Jésus, c'est d'abord un ami. Et il y a Zaouïa. Moi j'ai envie de continuer à la voir. On ne peut pas ne plus les voir.

Ce qui est bien avec Garance, c'est qu'elle ne s'oublie jamais.

J'ai remis sur « lecture ».

Garance a remis sur « pause ».

– Je suis là, moi, si tu veux on ne jouera plus jamais au Dobble et je jetterai mon Uno !

Elle a réussi à m'arracher un sourire.

On n'a pas terminé le film. On s'est fait une vraie soirée de sœurs, une manucure *nail art* à rayures rouges et jaunes en hommage au drapeau espagnol !

Après, on a regardé une série de vampires comme on aime. On l'a vue en version française car Garance a encore besoin de quelques sous-titres et que je suis beaucoup plus cool que ma mère à ce niveau-là (Val considère le doublage comme un sacrilège, même si c'est un film japonais) et sans doute à bien d'autres aussi.

Mais là, Val ne risquait pas d'entendre quoi que ce soit. C'est nous qui entendions ses ricanements répétés depuis le rez-de-chaussée. Elle était vraiment amoureuse version stupide ou bien Gustavo était à ce point hilarant !

– Femme qui rit, femme à moitié dans ton lit, a chantonné Garance. Allez, Nina, tu crois pas qu'y a un petit truc entre eux ?

J'étais trop gênée de parler des sentiments amoureux de ma mère avec ma sœur.

J'ai repris le cahier et on a de nouveau regardé les dessins. Un par un. Oui, il y avait bien du masculin et du féminin dans chacun des visages et des corps. Si c'était des hommes, ils n'étaient pas baraqués, et si c'était des femmes, elles n'avaient pas beaucoup de formes. Plus on les examinait et plus il y avait quelque chose de vraiment étrange qui ressortait.

On les a photographiés puis téléchargés sur mon ordinateur puisque Garance avait envie de les observer en plus grand. Et on a bien fait.

Parce qu'on a commencé à distinguer un même signe intégré à chacun d'eux. Le signe pouvait se trouver sur une chaussure, sur la manche d'un sweat, sur les boutons d'une veste, un pendentif. Une sorte de logo façon « NYC » qu'on voit sur certaines casquettes. Sur un des dessins, c'était les doigts d'un personnage sans tête qui étaient entremêlés et constituaient le signe. En zoomant encore et encore, on a vu qu'il s'agissait plutôt d'une signature comme celles des tags géants. D'ailleurs, la calligraphie était là aussi complexe. Les lettres étaient si stylisées qu'il était difficile au premier regard d'en décrypter le sens. Sur certains dessins, les lettres étaient si minuscules qu'elles se distinguaient uniquement avec le zoom et, en recoupant plusieurs fois cette signature, on est enfin parvenues à identifier trois lettres, « XYX ».

On tenait notre première énigme.

Maintenant, il fallait la résoudre. Que signifiait XYX ? Les initiales de l'auteure ?

On a cherché « XYX » sur le Net.

Rien.

On était tombées sur la seule tagueuse qui haïssait les réseaux sociaux ! Ou bien c'était une touriste d'un pays lointain. Ou une artiste vivant recluse dans un ashram !

Ou alors on était parties sur une fausse piste. On avait illico pensé à quelqu'un de notre âge, alors qu'il s'agissait d'une vieille qui avait gardé son Eastpak ! Parce que, perso, des jeunes haïssant les réseaux sociaux, je n'en connais pas (mais bon je ne connais pas non plus de jeunes qui dessinent des trucs pareils), alors que des vieux qui ont encore leur Eastpak, j'en connais. J'en connais même très bien un.

Mon père traîne le sien, en cuir marron, depuis ses années de fac. Il a même fait changer la fermeture. Il ne peut pas se résoudre à le quitter. C'est une partie de lui !

J'ai fait une capture d'écran du « XYX » qu'on trouvait le plus lisible, celui sur la manche d'un sweat, et je l'ai aussitôt partagé sur les pages Facebook de Jésus, Montse et Luis, avec juste cette phrase en anglais : *Do you know this tag?*

13.

Le lendemain au réveil, j'ai regardé mes notifications. Aucune piste concernant l'identité de l'artiste. Juste beaucoup de *me gusta* sous la photo du XYX et un message de félicitations de Montse pour ma découverte. Enfin elle m'identifiait plus seulement comme le boulet de service !

Message privé également d'un certain Diego Ballester, ami FB de Montse. Il m'écrivait en espagnol. J'ai réussi à comprendre qu'il connaissait ce tag. Il l'avait vu à Barcelone, en géant sur un mur, non loin de sa rampe de skate.

J'ai sauté de joie.

Garance aussi.

J'ai répondu en anglais. Et Diego a aussitôt enchaîné dans un anglais un peu bancal mais ouf… tellement plus fluide que mon espagnol.

Il ne connaissait pas l'auteur du tag mais pour lui c'était la même signature. Ce soir il irait skater et se renseignerait.

Garance et moi on était trop contentes. Enfin on avançait. J'ai envoyé la bonne nouvelle aux trois autres. Nouvelles félicitations de Montse. Elle allait bientôt me croire aussi géniale qu'elle !!!

Diego m'a demandée en amie.

Avec Garance, on a été voir son profil :

– Nina, il est trop beau.

– C'est vrai, mais bon, en principe, t'évites de laisser sur ton mur des photos où t'es moche.

On a résumé notre découverte à Val. On s'attendait à ce qu'elle nous félicite au moins pour notre détermination. On se trompait. Val trouvait qu'on en faisait limite trop avec cette histoire de sac, alors qu'on aurait dû se contenter de le rapporter aux objets trouvés.

– Les objets trouvés ! Y a que les vieux qui pensent à des trucs pareils !

Soupir de Val. Elle nous avait concocté un après-midi mère-filles-découverte de la ville et voulait qu'on se dépêche.

Son programme avait l'air cool.

À peine installées dans le bus, elle a repris un de ses sujets de prédilection depuis que nous avions quitté Paris.

J'ai nommé l'« espagnol avec ma mère ».

– Nina, je vais te donner des petits trucs qui vont t'aider à enrichir ton vocabulaire espagnol de façon très simple.

Quand c'est simple pour Val, généralement je m'attends au pire.

– Car oui, ma chérie, tu connais déjà plein de mots en espagnol mais tu ne le sais pas.

– Euh… t'es bien certaine, maman ?

– Certaine, elle a répété avec un air de triomphe que je jugeais un peu prématuré. Tu sais, Nina, il y a une large base commune entre l'espagnol et le français. Plus de mille mots identiques, et quand on sait combien est limité le vocabulaire de notre langue active, qui comprend entre cinq cents et mille cinq cents mots à peine…

Elle me regardait un peu lourdement, avec son vocabulaire actif limité.

J'ai décidé de positiver :

– Mille mots identiques, c'est génial !

– Enfin, identiques, en tous les cas pas si différents que ça ! (Déjà, ça se compliquait.) Par exemple, beaucoup de mots qui en français finissent en « ENT » et « ANT » sont quasi similaires en espagnol. Dans la plupart des cas, il suffit d'ajouter la lettre finale « E » que l'on prononce « *É* » parce que le « E » muet n'existe pas en espagnol. Ce qui fait qu'on entend « ENT*É* » ou « ANT*É* ». Comme « pertinent » qui se dit *pertinente.* « Urgent », *urgente.* Et avec ANT, par exemple, « important » qui se dit *importante.* On prononce toutes les lettres : *im-por-tan-té* ! Allez, on va jouer à un petit jeu, donne-moi des mots en « ENT » ou en « ANT ».

Jouer ? Val appelait ça JOUER ???

– *Diferente,* a lancé Garance.

– Très bien, et ça s'écrit avec un seul « F » parce que le double « F » n'existe pas en espagnol.

– *Interesante*, a fait Garance.

– Bravo Garance, et ça s'écrit avec un seul « S » parce que le double « S » n'existe pas en espagnol.

– *Restaurante*, a continué Garance qui s'éclatait à fond.

– Bravo, ma chérie, bravo !

Je les observais. Tout juste si Val ne sautait pas de joie à chaque fois que Garance dénichait un nouvel exemple pour illustrer son cours.

– Il y a aussi les mots qui se terminent en « IBLE » ou « ABLE ». Comme « potable, acceptable, favorable ». Ce sont les mêmes en français et en espagnol, à l'exception de la prononciation et parfois de l'orthographe. On dit « IBL*É* » ou « ABL*É* », comme par exemple *posible*.

– *Disponible*, s'est écriée Garance.

– Oui ! Et on accentue sur l'avant-dernière syllabe, *dispoNIble, acepTAble* !

– *DispoNIble*, a répété Garance des dizaines de fois, jusqu'à ce que Val lui dise que sa prononciation était parfaite.

– Allez, Nina, à toi.

– Ah non, mais regardez-vous, vous faites pitié, j'ai trop honte !

– Nina, tu es vraiment pénible.

– *PeNIble*, s'est exclamée Garance, qui virait à l'hystérie.

– Bravo, Garance ! Il y a aussi les mots qui se terminent en « IQUE » comme « économique, politique, philosophique ». Ils sont semblables en espagnol, sauf que le « QU » devient un « C » et que l'on met un « O » à la place du « E » final. *Politico, economico* ou encore *filosofico* qui s'écrit avec la lettre « F » parce que le son « PH » n'existe pas en espagnol.

– C'est *pratico* et tellement *magico*... C'est l'éclate, ton truc ! j'ai lancé avec un grand sourire.

– Qu'est-ce que tu peux être désagréable, Nina !

– *Dé-sa-gré-Able* ! a hurlé Garance.

– Pas exactement, ma chérie, on dit *desagradable* en prononçant les deux « E » en « É ».

Garance l'a répété au moins dix fois. Je n'en pouvais plus. Chaque jour elle ressemblait un peu plus à Val.

C'était son clone.

J'étais le brouillon.

Il était seulement midi. Ma mère en était aux mots se terminant en « AIRE » qui se transformaient en « ARIO ». *Contrario, necesario, vocabulario*. Puis elle est passée aux mots en « TION » qui deviennent « CION ».

– *Solución, opéración, adición, manifestación, formación, condición, posición...*

On ne pouvait plus arrêter Garance !

– *Reservación* !

– Ah non, ma chérie, ça c'est une petite *excepción*, on dit *reserva* !

À chaque fois qu'en cours j'entends le mot « exception », j'ai envie de hurler après celui qui les a inventées.

Je l'imagine trop. Seul dans sa tour sinistre, genre le mec qui n'a pas d'amis, pas de vie et qui, tout excité, se dit : « Allez, je vais leur mettre une petite exception, histoire de bien les faire galérer et de leur rappeler à tous que ce sont juste de gros ignorants incultes qui n'arriveront jamais à rien et surtout pas à mon niveau. Allez, tiens, pourquoi on mettrait des "S" à tous les mots au pluriel qui se terminent en "OU" ? Non mais c'est vrai ça, pourquoi ? Allez, il y en aura sept qui prendront un "X" au pluriel, un point c'est tout. Ils ont intérêt à les savoir par cœur. *Bijoux, cailloux, choux, genoux, hiboux, joujoux, poux.* Et pan, dans les dents ! Et les mots féminins qui se terminent en "I". Pourquoi faudrait-il que tous ils prennent un "e", non mais, c'est trop facile, ça ! Tiens, la fourmi, on l'écrira sans "e" à la fin. Ce sera une exception. La mienne. Na ! C'est moi qui décide, bande de nuls ! Et la brebis, tiens, à elle je vais lui mettre un petit "s" final. Une brebis. Hi, hi ! C'est comme ça. Hi, hi ! Je suis détestable et cruel ! Hi, hi ! »

– *Confirmación, información, explicación, construcción, disposición...*

J'étais épuisée et on était encore dans le bus, on n'avait pas commencé la moindre visite.

– Attends, Garance, tu ne vas pas nous faire tout l'après-midi en « CION », en « ANTE » et en « IBLE » ?

– Je fais comme je veux parce que moi j'ai pas envie d'être nulle en espagnol comme toi !

– T'es trop laide. Mais regarde-toi, comment tu te la pètes. T'as été cool pendant trois jours parce que t'étais en mode isolée mais ça y est, dès que maman est revenue parmi nous, tu repars en mode lèche !

– Qu'est-ce que tu racontes avec ton « revenue parmi nous », a souligné Val.

– Je me comprends.

À son regard, j'ai compris qu'elle venait de saisir ce à quoi je faisais allusion et je l'ai sentie gênée.

Tant mieux, c'était justement l'effet recherché !

14.

Enfin nous sommes descendues pour notre premier stop : le parc Güell. Une des œuvres du célèbre architecte catalan Antoni Gaudí. Je n'ai pas encore visité des tas de choses dans des tas de pays mais je suis certaine que ce parc restera parmi les plus beaux trucs que j'aurai vus dans ma vie.

Il est immense, parsemé d'escaliers décorés de fontaines en forme de salamandres et de têtes de dragon. Certaines allées sont bordées de colonnes en pierre (ma mère nous a précisé : des colonnes doriques) qui font penser à des troncs d'arbres dans une forêt. Un banc ondulé s'étire sur une grande longueur (« cent dix mètres », nous a confirmé Val qui se baladait avec son guide à la main en *español*, *of course* – non, pardon, *por supuesto* !). J'ai adoré la salamandre multicolore en mosaïque.

Cet architecte devait être complètement dingo. Je l'avais déjà pensé puisque chaque année les livres d'espagnol comportent forcément une ou plusieurs photographies de ses œuvres. Mais entre les photographies et la réalité, ce n'est pas la même émotion. On s'est promenées dans le parc de haut en bas et de bas en haut et de gauche à droite et de droite à gauche. Dix-sept hectares de superficie ! Quatre heures plus tard, on était lessivées et, d'un commun accord (c'est rare, donc je le souligne), on a estimé que les deux autres réalisations du même architecte qu'on avait prévu de voir (la Sagrada Família et la casa Batlló) n'allaient pas déménager et que ce serait pour un autre voyage.

– Surtout que maintenant, on va sans doute revenir souvent à Barcelone, non ? j'ai souligné.

– Euh… oui… non… je ne sais pas, a répondu Val.

Elle était troublée. Elle me faisait penser à une gamine prise en flagrant délit de roulage de pelle à la sortie du collège.

C'était trop drôle.

– C'est pour ça que je veux m'avancer en espagnol, a repris Garance.

– Mais c'est quoi ton problème, t'as décidé de sauter la 6e et…

– On reprend le bus, a coupé Val. Et on va boire un verre en bord de mer.

– T'es certaine qu'on n'y va pas en métro ?

– Certaine, Nina. Nous ne sommes pas à trente minutes près. Une ville se visite au-dessus du sol et non en dessous.

Je n'ai pas insisté, même si je sentais que le métro était moins susceptible que le bus de donner lieu à un exercice de *vocabulario*.

Pourtant cette fois, ce n'est pas ma mère mais une dame aux traits amérindiens qui a lancé le sujet. Cette dame, tout sourire, m'a demandé quelque chose en espagnol que bien évidemment je n'ai pas saisi. Je lui ai bêtement rendu son sourire en murmurant *no comprendo, lo siento* (en espagnol pour dire « je suis désolée », on dit « je le sens »).

Je n'aurais pas dû répondre ainsi, car ma mère est aussitôt revenue à la charge :

– Nina, tu n'as pas compris ce qu'elle t'a demandé ?

Ma mère a débité à la dame quelques mots rapides façon mitraillette verbale. La dame l'a remerciée et s'est éloignée. Pas ma mère malheureusement.

– Tu pourrais au moins essayer de comprendre par le contexte.

Le contexte, ça faisait longtemps !

– Cette année, ma professeure d'espagnol n'avait que ce mot à la bouche : Le CONTEXTE ! *El contexto !*

– Ta prof a raison. Si tu avais fait attention au contexte, tu aurais compris que cette dame te demandait si son gros sac posé à tes pieds ne te gênait pas.

J'ai pris quelques secondes pour réfléchir.

J'étais vraiment débile ou quoi ? Parce que, très clairement, pour moi, le contexte ne faisait pas du tout référence au sac. Mais alors pas du tout, du tout.

– Excuse-moi, maman, mais le contexte aurait plutôt été qu'elle me demande à quelle station de bus elle devait descendre pour telle ou telle rue !

Val a esquissé son trop fréquent haussement de sourcils. Peu importait. Dans le match du *contexto* : avantage Nina. Mais re-haussement de sourcils de Val.

Mamie a raison, sa fille n'a jamais atteint l'âge adulte et c'est pour ça qu'on se prend la tête en permanence toutes les deux.

– Faut vraiment que tu progresses, tu ne peux pas faire l'impasse sur l'espagnol sous prétexte que tu parles l'anglais. Maintenant on regardera des séries en espagnol sous-titrées en espagnol !

– Avec plaisir !

Elle a semblé un peu étonnée, ne sachant pas si c'était du lard ou du cochon – pour employer une expression de vieux.

Au fait, le lard c'est toujours du cochon, non ? Donc cette vieille expression signifie qu'il est impossible de distinguer le vrai du faux, le sérieux du pas sérieux, puisque si c'est du lard, c'est forcément du cochon ?

En attendant que Val revienne vers moi avec un autre *contexto*, j'ai repensé à Jésus, à mon premier *botellón* et à Montse, et comme si Val lisait dans mes pensées à ce moment précis, j'ai entendu :

– Ça va avec Jésus ?

J'aurais nettement préféré un autre contexte. J'ai collé

mon front à la vitre, observant ces rues qui attiraient toute l'Europe et espérant que Val changerait de sujet.

– Tu étais contente de le retrouver ?

Val n'avait pas changé de sujet.

– Maman, tu nous apprends d'autres mots en espagnol ? C'est trop cool.

Sans même un regard, Garance avait compris mon appel au secours.

– Pas maintenant, ma chérie, je parle avec Nina.

Pas de bol, pour une fois que Garance se mettait entre Val et moi en mode sauvetage et non en mode crise d'abandon, elle se faisait rembarrer !

– Alors, Nina, a insisté ma mère.

– Maman, j'ai faim, comment on dit « j'ai faim » en espagnol !

– Garance, tais-toi, je parle avec Nina.

J'ai pensé, tu parles surtout toute seule et j'ai croisé le regard de ma sœur. Elle était désolée de ne pas avoir réussi à me « sauver ». C'était fou comme cette gamine passait en quelques secondes du meilleur au pire et vice versa.

– Tu veux savoir quoi exactement, maman ?

– L'autre soir, quand vous êtes revenus de la plage, j'ai noté une petite tension entre lui et toi, et je t'ai sentie un peu triste, et hier aussi.

– Maman, on va où maintenant ? J'ai faim...

– Garance, tais-toi. C'est pas vrai ça, jamais tu ne me laisses parler avec Nina !

Trop drôle, il fallait que ma mère ait une envie subite de communiquer avec moi pour réaliser la tendance archi-égocentrée de sa petite chérie ! Si elle croyait que j'étais à son service pour entrer en « Valradiographie » sur le sujet que je préférais taire...

– Maman, franchement je ne vois pas de quoi tu parles.

– *Franchementé*, ça marche aussi, maman, les mots qui se terminent en « MENT » ?

– *Francamente*, ma chérie, a rectifié Val en soupirant.

Visiblemente, Val était en train de se demander si elle n'avait pas tout bonnement merdé avec son *vocabulario* de mille mots qu'on pouvait transformer à *discreción*.

– Nina, même si nous ne sommes pas toujours d'accord, tu sais bien que tu peux tout me dire.

Ne jamais croire à ce genre de *proposición*, on peut le payer très cher.

Plus Val insistait, plus je bredouillais des « mais non, tout va très bien, maman... vraiment... qu'est-ce que tu vas imaginer encore ? », et plus Garance tentait d'accaparer son attention en lui demandant comment on disait « glace » en espagnol, et « gâteau », et « gâteau de riz », et « glace à la vanille ». Mais ma mère ne prenait même plus la peine de lui répondre.

– Montse, tu l'apprécies ?

– Ça va.

– Ça va, ou tu l'apprécies ?

– On n'est pas obligé d'aimer tout le monde sous prétexte qu'on a le même âge. Toi, tu aimes tous les gens de quarante-neuf ans ?

Soupir de Val.

Nous sommes descendues sur la célèbre plage du centre-ville de Barcelone, la Barceloneta.

De nouveau une foule ininterrompue. On jonglait entre les vélos, les rollers et les milliers de touristes de tous âges (avec une grande majorité de jeunes) et de toutes nationalités. Sur le sable, en plus des gens en maillot allongés sur leur serviette, il y avait des groupes de beach-volley, des groupes de chi gong et d'autres encore qui faisaient de la gym. On s'est installées pour prendre un verre sur une des nombreuses terrasses bondées de touristes. Plus je découvrais la ville et plus je comprenais ce sentiment éprouvé par certains Barcelonais : le centre ne leur appartenait plus. Val assurait que le sentiment indépendantiste s'était aussi renforcé à cause du trop-plein de touristes que les autorités de la Catalogne n'avaient pas su réguler (ou pas eu intérêt financièrement à le faire), et maintenant c'était le bazar et beaucoup de confusion.

Garance a dévoré une glace immense après un *bocadillo* (sandwich) *atùn* (thon) et moi j'ai pris *dos botellas de agua* avec *una ensalada de verduras* (une salade de légumes) que j'ai partagée avec ma mère. Vu ce qu'on mangeait chez Gustavo, on avait intérêt à faire light au-dehors.

Je me maintenais, pendant que ma mère grossissait tranquillement.

Pourtant, il paraît que lorsqu'on est amoureux, on mincit. C'est le seul truc qui clochait dans son histoire !

Et là, justement, nouveau message de son amoureux (le énième de la journée). Son visage s'est éclairé comme celui d'une gamine. Elle m'agaçait et en même temps je la trouvais trop mignonne.

La *lose* pour moi. Le jackpot pour elle.

Nouvelle promenade en direction du port de plaisance. Des dizaines de migrants africains vendaient sur des draps posés à même le sol : sacs à main, polos, lunettes, baskets, ceintures, tee-shirts, bijoux fantaisie, gadgets, souvenirs de la ville. Des copies des grandes marques de luxe et même des répliques de maillot du FC Barcelone. Ici on les appelle les *manteros*, en référence aux tissus qu'ils étendent par terre pour exposer leur marchandise, a expliqué Val. La majorité d'entre eux viennent du Sénégal ou du Mali. Ils ont traversé une partie de la Mauritanie et du Maroc dans des conditions inhumaines, avant de pouvoir s'embarquer et traverser la Méditerranée de nouveau dans des conditions inhumaines. Le pourcentage de ceux qui survivent, atteignent l'Europe, travaillent et réussissent à envoyer de l'argent à leur famille qui s'est endettée pour payer leur trajet vers une vie meilleure est minime.

Les commerçants barcelonais estiment que les *manteros* leur font une concurrence déloyale... Un peu exagéré, non ?

Perso, si j'achète une copie de lunettes Chanel à 10 euros, c'est parce que je n'ai pas les moyens d'acheter les vraies à 300 ! D'ailleurs, c'est ce que j'ai fait. Garance, aussi, avec une imitation d'un sac Gucci hypervulgaire. On n'a vraiment pas les mêmes goûts.

– T'aimes le clinquant, toi, tout ce qui brille !

– Nina, tu te souviens de ce que tu aimais à dix ans ? a fait ma mère. Tu ne jurais que par les paillettes, les dorures, les brillants ! Vous n'avez pas le même âge.

Avantage pour Val.

On a repris notre promenade. Ma mère m'a désigné un immeuble moderne très haut, la tour Mapfre.

– Tout autour de ce bâtiment, il y a des boîtes, la jeunesse de toute l'Europe vient s'y éclater. D'ici trois ou quatre ans, tu les fréquenteras avec ta bande d'amis et, si ça se trouve, tu n'habiteras même plus à la maison.

En disant cela, elle m'a pris la main et l'a serrée. Je l'ai sentie émue. Moi aussi, je l'étais. M'imaginer vivre seule me fichait un grand vide. C'était comme l'été de la fin de mon enfance, même si mon enfance était terminée depuis pas mal d'années. J'ai regardé Garance qui s'extasiait devant un artiste figé sur le trottoir en statue de princesse Leia et voulait faire une photo avec elle.

Ma sœur avait des années devant elle avant de devenir une jeune adulte. En même temps, je ne peux pas dire que je l'enviais. L'enfance est synonyme d'obéissance. On est choyé et en contrepartie on doit faire tout ce qu'on nous demande.

C'est toujours mieux que les millions d'enfants qui ne sont pas du tout choyés et qui doivent aussi obéir, se soumettre.

On a marché tranquillement en direction de chez Gustavo. On est passées devant le parc de la Ciutadella. Garance a commencé à courir, à grimper, à escalader. À chaque fois qu'on passait devant des jeux, elle les expérimentait dans tous les sens, alors que deux minutes avant elle chougnait pour qu'on rentre en bus, tant elle était soi-disant fatiguée. Elle avait une énergie de folie, alors que moi je ne sentais plus mes pieds. J'avais l'impression d'être une petite vieille.

On s'est installées sur un banc avec Val pendant que Garance profitait d'une nouvelle aire de jeux pour laquelle elle-même était déjà un peu grande.

– Maman, pourquoi t'as quitté Barcelone ? T'adores cette ville.

– Quand tu as un ADN de grosse fêtarde, ce qui était mon cas, cette ville est dangereuse. Je sortais toute la nuit, et toutes les nuits. J'avais besoin d'un cadre pour évoluer autrement. Ici, il n'y en a aucun. À toi de t'en donner un et je n'y arrivais pas. Je travaillais dans des bars. Je sortais. J'avais même arrêté mes études d'interprète. Puis j'ai rencontré ton père. Le vrai coup de foudre. Il a dû rentrer vivre à Dublin et comme c'était impossible d'imaginer la vie l'un sans l'autre, je suis partie avec lui et j'ai repris mes études là-bas. Sept ans après, on était encore plus amoureux et on a décidé de faire un bébé.

– Qu'est-ce que tu entends par faire la fête tout le temps ?

En guise de réponse, Val a souri. Garance est revenue et on a repris notre chemin. Tout en marchant, je cherchais à imaginer la vie de ma mère dans cette ville vingt-cinq ans plus tôt. Trop de soirées, trop d'alcool, trop de drogue, trop de sexe. Trop de tout ? Cette ville avait en elle quelque chose de délirant. Je n'avais jamais ressenti cela à Paris ou à Dublin, qui sont les deux seules grandes villes que je connais bien.

Ça faisait juste quatre jours que j'étais à Barcelone et j'avais déjà une folle envie d'y revenir plus tard.

Cette ville était attirante, sans doute trop.

Elle avait tout. Le climat. La mer. La beauté. La fête.

Mon père non plus n'était jamais entré dans les détails de leur vie ici. Il m'avait uniquement confié qu'ils étaient très amoureux et que malgré la séparation, il n'avait jamais regretté ces seize années ensemble et surtout pas ses deux filles d'amour.

15.

Pourquoi marcher fatigue autant ? Nous sommes arrivées chez Gustavo complètement lessivées.

Message de Diego : la photo d'un XYX géant. Waouh. Ça en jetait sec ! C'était magnifique. En couleur. Ça pétait de partout.

Garance s'est extasiée.

Val s'est extasiée.

J'ai aussitôt partagé la photo.

Diego disait que XYX n'était pas venu à la rampe. Les gens avec qui il avait discuté ne connaissaient pas son nom. Mais Diego ne lâchait pas l'affaire. Il y retournerait le lendemain.

– Il est pas que beau, il est aussi sérieux, a fait Garance.

– Beau, je veux bien voir, a fait Val.

Grrr. Aucune envie de montrer la tête de Diego à ma mère.

Et là, elle a insisté :

– Allez !

Si je refusais, ça faisait la fille déjà en mode *love*. Conseil à moi-même : « Ne commence pas à te raconter d'histoires. » Pfff, comme si c'était mon genre !

Val s'est autant extasiée sur le physique de Diego que sur le tag.

– Chère maman, toi qui as une vraie culture, pas comme ta pauvre fille aînée, tu aurais une idée de ce que peut signifier un XYX, si ce ne sont pas juste des initiales ?

Temps de réflexion de Val.

– X et Y s'emploient principalement en mathématiques et, comme tu le sais, ce n'est pas la matière où j'excelle. Mais d'un point de vue sémantique, le symbole X est utilisé pour noter l'inconnu en général, dans des expressions comme Monsieur X, naissance sous X, plainte contre X et j'en oublie sans doute.

– Maman, t'es trop forte, a fait Garance, revenue à son quart d'heure de lèche.

Bon, j'avoue, c'était pas bête. On trouve un sac contenant les dessins d'une inconnue qui semble vouloir rester inconnue. Un problème d'identité ?

Avec Garance, on s'est calées devant notre série de vampires en français. Parce que de nouveau Val était en train de rigoler dans les bras de Gustavo. Puis elle est venue nous annoncer que Pilar, la mère de Jésus, n'arriverait que dans deux jours au *pueblo*, mais que Jésus et Zaouïa pouvaient nous récupérer à la gare de Vinaixa, le lendemain matin à 11 heures, avec une voisine de leur grand-mère.

– Tu viens pas avec nous ? j'ai fait, un peu étonnée.

– Je ne peux pas. Je viens d'avoir un rendez-vous avec un éditeur ici.

– Et Pilar ? Tu vas pas la voir ?

– De toute façon, avec sa mère, ça va être compliqué. On verra comment on s'arrange.

– Tu me laisses partir seule avec Garance ?

– Je vous mets dans le train, et Jésus vous attend à la gare. À presque seize ans, t'es quand même capable de faire une heure de train avec ta sœur de dix ans ! T'es bien capable de le faire avec tes copines. T'es pas partie avec Alice à Marseille en TGV début juillet, peut-être ?

J'adore Val : je suis une gamine ou une jeune fille selon SES besoins.

Rendez-vous avec un éditeur barcelonais. Mon œil ! Il s'appellerait pas Gustavo, son rendez-vous ?

C'est dingue comme certaines situations font changer les principes. Val a même osé ajouter qu'elle trouvait formidable que nous partions entre sœurs retrouver justement un frère et une sœur. Elle nous rejoindrait dans trois jours. Trop forte ! Elle se prenait sur nos vacances à nous trois un peu de vacances à elle toute seule avec son nouvel amoureux.

Cela dit, aucune envie de le lui faire remarquer. Pour une fois qu'elle était (depuis mon père) avec un type qui écoutait de la « vraie » musique et qui ne passait pas son temps à étudier les vitamines et la charge glycémique des aliments, c'était okay pour moi, et de toute façon elle n'attendait pas mon accord.

Elle est redescendue au salon et on n'a pas tardé à réentendre ses gloussements.

– Nina, tu crois que maman a vraiment rendez-vous avec un éditeur ou que c'est parce que Gustavo et elle sont amoureux qu'elle s'est arrangée pour qu'on parte sans elle ?

Je ne pensais pas que Garance avait compris la manœuvre maternelle. Elle est encore à l'âge où elle idéalise à fond sa maman. J'ai décidé de continuer à la laisser l'idéaliser, non par égard pour ma mère mais parce que ça me gênait trop de parler de ça avec ma petite sœur.

– Euh, je ne sais pas, en tous les cas maman ne m'a rien dit !

– Évidemment qu'elle ne va rien nous dire. Mais toi, tu crois qu'ils sont amoureux ou pas ? Moi je le crois. Sinon jamais elle nous aurait laissées partir de notre côté. Elle dit toujours que les vacances c'est pour qu'on soit toutes les trois ensemble. Alors ?

– Si ça t'intéresse tant que ça, tu lui demandes !

Je n'ai pas précisé à Garance que je tenais à être présente au cas où elle lui poserait la question.

En attendant ce grand moment confession mère-filles, on s'est couchées. Fallait quand même se lever le lendemain à 8 heures, et autant me lever à 6 h 50 toute l'année, je l'ai intégré, autant me lever avant 10 heures en vacances, je trouve que c'est la *lose* totale.

16.

Le train n'était pas encore parti que Garance a sorti son Dobble. Elle affichait déjà un air de triomphe, certaine de me mettre minable. J'avais promis de jouer. Ce n'était pas tombé dans l'oreille d'une sourde, comme on dit ! Évidemment, j'ai perdu les quatre premières parties. Elle a recommencé avec ses dix cartes d'avance. J'ai réussi à gagner deux parties mais du coup elle a dit :

– C'est quand même moi qui ai gagné puisque j'avais plus de cartes que toi !

Quoi qu'il arrive, Garance se débrouille pour ne jamais être la perdante. Plus tard elle pourrait être coach pour des filles comme Alice ou moi.

– Nina, on joue à quoi maintenant ?

– On regarde le paysage, on ferme les yeux et on rêve.

– C'est nul...

Je n'ai pas regardé le paysage. J'ai fermé les yeux en pensant à Jésus. J'étais à la fois contente et un peu anxieuse à l'idée de me retrouver seule avec lui. Comment ce moment d'intimité allait-il se dérouler ?

Garance a sorti son livre fétiche, *Mes mille premiers mots en espagnol*. J'ai mis mes écouteurs pour éviter les traductions de « cartable » ou « balai ».

À propos de Jésus, je me suis répété les sages conseils de Luis. Il me les avait redonnés au téléphone la veille au soir : « Ne sois pas dans l'attente. Tu n'es pas une fille qui attend, répète-toi ça ! »

– Tu sais comment on dit « dinde » ?

– Oublie-moi un peu, Garance, s'il te plaît !

– T'es pas sympa.

– Comment on dit « attendre » ? j'ai fait pour me rattraper.

– Je cherche.

Luis avait raison, indirectement, Jésus m'assignait le rôle de la fille qui attend. Je n'aimais pas ça, c'était comme s'il avait tous les pouvoirs de notre relation future.

– *Esperar*, c'est « attendre ».

– Ah, pas mal, c'est comme « espérer »... Finalement, quand on attend, c'est qu'on espère que ça aille dans le sens qu'on souhaite.

– Mais si tu attends chez le dentiste ?

– Eh bien, tu espères que l'attente ne sera pas trop longue et qu'il ne te fera pas trop mal.

Elle a haussé les épaules. Pas très convaincue. Moi non plus d'ailleurs.

Je ne savais même plus si j'espérais que ça recommence (commence ?) avec Jésus.

À l'arrivée, il y en avait au moins une qui était trop contente de nous voir (en tous les cas de voir Garance), c'était Zaouïa.

Elle a littéralement sauté sur Garance en la couvrant de bisous et d'une cascade de « t'es trop belle », sur tous les tons. Déjà que Garance s'adore, je m'attendais au pire.

Quant à Jésus, il m'a fait un *abrazo* (accolade) d'ami chaleureux mais pas délirant.

Ils étaient venus nous chercher en voiture à la gare du village voisin avec une vieille voisine. Elle avait une drôle de façon de prendre les virages. Elle s'arrêtait quasiment en plein milieu de chaque tournant pour être certaine qu'il n'y ait personne, puis repartait brutalement en accélérant à fond.

Trente minutes plus tard, nous sommes quand même arrivés à destination et en descendant de voiture j'ai compris que ce n'était pas des tongs que j'aurais dû apporter mais des bottes fourrées.

Nous étions entre Lerida et Tarragone mais, bien qu'encore en Catalogne, ça ressemblait aux villages de l'Aragon que j'avais eu le « bonheur » de connaître lors d'une retraite de yoga de ma mère il y avait quelques années.

Nous étions à sept cents mètres d'altitude et un petit vent frais soufflait. La rue principale était piétonne par *obligación* puisque, à part une Smart, aucun véhicule ne pouvait s'y engager. De cette rue principale qui montait et serpentait sec, partaient quelques ruelles vers le château en ruine. Devant les ruines, une placette avec deux arbres et trois bancs.

La vieille voisine nous a offert du pain et des œufs, une salade et des tomates en attendant le retour de Pilar pour les courses parce que c'était un hameau plutôt qu'un village et il n'y avait aucun commerce.

J'avais bien fait de profiter de Barcelone *by night* parce que ce n'était pas ici qu'on allait traîner la nuit. Aucun risque de me mettre la tête à l'envers.

– Deux cents personnes l'été et moins de cinquante l'hiver, a annoncé Jésus, comme s'il avait lu dans mes pensées.

– Ce qui est bien dans ce genre d'endroit, c'est qu'on ne perd pas de temps à choisir son activité ! j'ai fait, histoire de positiver.

On a déposé nos affaires chez la mamie. Jésus a proposé d'aller à la piscine. Étonnamment, ce grand hameau ou minuscule village – au choix – disposait d'une piscine municipale découverte et magnifique. Deux grands bassins remplis d'une eau bleue limpide. Du gazon bien vert super-entretenu. Des chaises longues blanches et neuves, et un snack, le seul bar-restaurant du coin où se réunissait toute la jeunesse locale présente l'été, soit une quinzaine de personnes. Autant dire qu'il valait mieux ne pas se mettre quelqu'un à dos.

Jésus m'a présentée. Tout le monde m'a saluée en catalan. Tout le monde le parlait parce que pour être là en plein été il fallait forcément être un natif du coin. Qui à moins de soixante-dix ans serait venu ici par choix ? Tiens, trop cool, j'ai découvert un super hameau bien frais pour les vacances d'été !

Tous les jeunes se connaissaient depuis leur premier biberon. Ils avaient tous des grands-parents ici. Ils vivaient pendant l'année à Barcelone, Tarragone ou Lerida.

Je suis allée tremper un pied dans l'eau. Elle était gelée. Je suis illico revenue sur la pelouse. Les autres continuaient de parler et de plaisanter. Parfois l'un d'entre eux tentait une phrase en anglais, histoire de m'intégrer, mais reprenait vite le catalan. J'ai trop pensé à ma mère avec ses cours d'espagnol et je l'ai appelée :

– Juste pour te dire qu'ici ils parlent tous catalan.

– Justement, c'est encore plus proche du français que le castillan, tu devrais pouvoir comprendre !

Ma mère était invincible. Je lui ai souhaité une bonne soirée. Elle m'a remerciée sans même prendre des nouvelles de Garance. Si ça se trouvait, Gustavo et elle se préparaient pour une petite fiesta électro et si l'envie de piquer une tête les prenait, la mer était à vingt-cinq degrés minimum !

Enfin, il faisait froid mais au moins le soleil brillait à fond et je me suis allongée, bien décidée à bronzer. En regardant Jésus crémer Zaouïa, j'ai pensé aux frites de la cantine. Elles sont à la fois grasses et sèches. C'est compliqué de faire gras et sec à la fois, eh bien à la cantine ils y arrivent !

Miss Parfaite était déjà dans l'eau.

– T'es nulle, Nina, viens, elle n'est pas froide !

Pour bien me mettre un peu plus la honte, elle est sortie pour resauter aussi sec. Je l'aurais claquée. J'ai fermé les yeux. Même sans me mouiller, j'avais froid. J'ai remis mon short et mon débardeur. J'ai rouvert les yeux.

Zaouïa s'amusait.

Garance s'amusait.

Jésus parlait avec pas mal de monde.

Les sages conseils de Luis me sont revenus : « Tu n'es pas une fille qui attend ! » Facile à dire mais pas à suivre. Forcément que j'attendais quelque chose. Ma vie amoureuse était un tel désert. La possibilité de parvenir un jour à faire l'amour avec un garçon que j'aimais et qui m'aimait me paraissait quasiment irréaliste. La sensation que je finirais après le bac par coucher avec n'importe qui juste pour ne plus être vierge. La *lose* totale. Exactement ce que je voulais éviter depuis que je connaissais le mot « vierge ».

Pour cesser de me prendre la tête, j'ai fait des photos et je les ai publiées sur les réseaux sociaux. L'endroit était magnifique. On ne pouvait imaginer la température. Toutes mes copines se sont extasiées et m'ont jalousée. J'avais l'illustration parfaite de ce qu'on appelle la réalité « virtuelle ».

J'ai croisé les doigts pour que les Naines en aient rapidement assez de s'éclabousser et ressentent le froid et la faim. J'ai appris cet après-midi-là qu'il ne faut jamais sous-estimer le pouvoir de résistance des petits à la piscine. Garance et Zaouïa étaient super-endurantes et c'était tellement moins épuisant de les laisser dans l'eau que de les en sortir que Jésus a expliqué au maître-nageur qu'on montait au snack. Pas de souci, elles n'étaient que deux à surveiller, et il était payé pour rester jusqu'à la fermeture, même si le bassin était vide !

À chaque fois que je vois un maître-nageur, je pense à la réflexion que m'avait faite Garance à la piscine quand elle avait trois ans : « Nina, pourquoi le maître-nageur il se baigne jamais, c'est parce qu'il ne sait pas nager ? »

Au snack, l'ambiance était nettement plus sympa. La quinzaine de jeunes avaient rapproché les tables. D'autres étaient debout devant un vieux baby-foot. La musique oscillait entre reggae, rock et variétés espagnoles. Ça blaguait dans tous les sens. Je riais bêtement quand tout le monde riait. Je ne comprenais rien. Et pourtant, pour entendre, j'entendais. Ils parlaient tellement fort que j'avais la sensation qu'ils s'engueulaient. Ça ne semblait pas les gêner ni gêner les personnes âgées qui jouaient aux cartes ou aux dominos.

17.

À la fermeture de la piscine et du snack, chacun est rentré dîner dans sa petite maison, et tous les quatre, on l'a fait comme une vraie petite famille recomposée.

J'étais la maman. Jésus le papa.

J'ai proposé des œufs durs en salade mais Zaouïa détestait l'odeur. Je les ai alors proposés à la coque mais elle n'aimait pas quand ça dégoulinait. Je les ai donc proposés au plat mais tout ce blanc dans la poêle l'écœurait. Zaouïa voulait une tortilla de *patatas*. Une vraie. Comme celle de sa mamie ! Je l'avoue, j'ai eu une petite pensée émue pour Val, même si Garance n'a jamais été au même âge aussi capricieuse que Zaouïa. Le caractère de sa sœur ne gênait pas Jésus. Il adorait cuisiner (une qualité supplémentaire) et m'a confié le suivi du bain pendant qu'il officiait en cuisine.

Une fois les deux moustiques lavés, peignés et en pyjama, je me suis lancée dans le dessert. Un smoothie avec les fruits à disposition : pêches, abricots et prunes.

– J'aime pas les abricots dans les smoothies ! a fait Zaouïa après mon premier coup de blender.

– Tant mieux parce qu'il y en a juste pour nous trois ! j'ai répliqué direct.

Elle me prenait trop pour son esclave. C'est vrai, quoi, tout le monde aime les œufs durs ou à la coque ou au plat. Je ne lui avais pas proposé du foie de lapin ou de la cervelle de cochon ! Et maintenant c'était les abricots ! Stop !

Elle est allée pleurnicher dans les bras de son frère qui avait encore les yeux rouges d'avoir épluché trop d'oignons parce que Mademoiselle voulait *una tortilla* comme sa grand-mère les faisait !

Devant sa poêle, Jésus, stoïque, tournait et retournait patates et oignons.

– Le secret de la *tortilla*, c'est de ne surtout pas faire frire les patates. Il faut les cuire tout doucement avec les oignons, que ça devienne comme un confit. Il faut aérer en permanence. Tourner et retourner. Ne pas laisser accrocher.

J'ai acquiescé. J'avais l'impression d'avoir pris dix ans en une soirée. On parlait cuisine.

– Je vois... je vois...

– Pourquoi tu as dit à Zaouïa qu'elle n'aurait pas de smoothie ?

– Ta sœur est archicapricieuse, faudrait un peu lui apprendre la vie.

– Pas plus que Garance.

– Ah si, beaucoup plus, parce que si Garance me prenait la tête comme ça avec des œufs durs ou à la coque, je peux te dire qu'elle se retrouverait avec une biscotte et un morceau de fromage pour le dîner et une compote en petit pot en guise de smoothie !

Il n'a rien rétorqué. J'ai senti que ça l'agaçait. Il était hyperprotecteur avec sa sœur. Il a continué sa *tortilla*. C'est vrai que sa méthode prenait du temps mais ça sentait vraiment bon et au moins, les feux de la cuisinière apportaient un peu de chaleur dans la pièce.

Après une bonne heure de cuisson, la *tortilla* a été prête. On a installé les filles sous la couette, derrière un plateau-repas et devant un dessin animé.

Nous, on s'est calés dans la cuisine. J'étais affamée.

– Bravo, *hombre* ! C'est la meilleure *tortilla* que j'aie jamais mangée. Elle fond dans la bouche. Une vraie tuerie.

– Je te l'ai dit, le secret de la *tortilla*, c'est la cuisson lente, sinon c'est une *locura* (absurdité). Après, tu sors tes pommes de terre et tes oignons, et dans un bol tu les mélanges à tes œufs, et là, au contraire, tu mets à fond le feu et tu verses le tout dans ta poêle ultrachaude !

Ce garçon était bon à marier, comme aurait dit ma mamie. Plus je le connaissais et plus je comprenais pourquoi Pilar, sa mère, lui fichait une paix royale, il était parfait. Il était brillant à l'école et gérait une famille.

Parfait pour tous !

Sauf pour moi ?

– *Un trocito mas*, m'a fait Jésus en me proposant un nouveau morceau de tortilla.

J'adore les Espagnols et leurs diminutifs en *ito* et *ita* à la fin des mots qui annulent toute forme de culpabilité. Tu reprendras bien *un trocito de pastelito de chocolatito* ? Mot à mot, tu reprendras un petit morceau de ce petit gâteau au petit chocolat !

Cependant, au final, tous ces *trocitos* font un *trocito* normal. Point barre. Mais bon, j'ai quand même accepté un *trocito* pas spécialement *pequeñito* !

– Sinon, Nina, t'es quand même contente d'être là ?

Le temps a ralenti.

– Trop ! Depuis qu'on est revenus de la piscine, j'ai juste l'impression d'être ma mère !

Rires.

– Tu as froid ? il a fait en me prenant les mains.

C'est vrai qu'elles étaient gelées. Je me suis dit qu'il allait m'embrasser et que je ne lui résisterais certainement pas. Mais il ne m'a pas embrassée. Il conservait juste mes mains dans les siennes.

– Entre Barcelone et ici, j'ai perdu dix degrés, je m'attendais pas à un climat comme ça fin août ! j'ai dit en retirant mes mains qui étaient en train de passer du glacé au moite.

– Tu sais, je suis vraiment content de te retrouver... mais... comment dire... sur le coup... j'avoue... ça m'a fait bizarre.

– Bizarre, pourquoi ?

– Ça ne t’a pas fait bizarre à toi ?

Il y a un truc dont j’ai horreur : que celui à qui je pose une question me réponde en me retournant ma propre question.

Alice est la championne de ce genre de trucs. « Tu aimes les lentilles ? – Et toi ? – Tu trouves pas que la prof de latin a un grain ? – Et toi ? – Tu veux sortir samedi après-midi ? – Et toi ? »

Étonnant qu’elle n’ait pas répondu à son prétendant qui lui demandait si elle voulait sortir avec lui : « Et toi ? » Mais non, cette fois-là elle avait choisi de s’impliquer dans la réponse, de la personnaliser : « Désolée, mais je dois réviser mon brevet ! »

– Nina ?

Jésus s’impatientait et moi je m’énervais. Il fallait que je me calme, mais je n’y arrivais pas.

– Moi, Jésus, ce qui me fait bizarre, c’est qu’un garçon qui sait toujours tout, qui connaît même le PIB de pays que je suis incapable de placer sur une carte, ne sache pas m’expliquer pourquoi ça lui a fait bizarre mais esquive ma question en me la retournant.

Il y a eu un silence. Il a paru surpris de ma réaction. Je me suis maudite. Comment pouvais-je lui donner envie d’être avec moi ?

– T’es vraiment susceptible, a-t-il fini par articuler. Oui, ça m’a fait bizarre, on s’est quittés sur un quai de gare en Inde il y a quatre mois et on se retrouve ici… en Europe, dans mon pays… et… et puis…

– Et puis ?

– Non... rien...

Je ne voulais pas m'énerver. Vraiment pas. Mais ça, c'est vraiment le second truc que j'ai en horreur. Je trouve ça insupportable.

Le sous-texte étant : « J'ai un truc hyper important à te dire mais non, finalement, je ne te le dis pas et je le garde bien au chaud. »

– Je suis crevée, j'ai fait en me levant.

– Arrête, il n'est même pas minuit... Les petites ne sont pas couchées, tu veux pas qu'on regarde un film ? J'en ai des super que tu n'as pas vus !

– Non, demain, là je suis fatiguée, je me suis levée très tôt ce matin. Bonne nuit !

Je suis sortie de la pièce en croisant les doigts pour qu'il me rejoigne et me convainque de revenir vers lui. Mais j'ai eu beau *esperar*, je me suis retrouvée seule dans la chambre que je partageais avec Garance.

Impossible de m'endormir. Au moins, dans le lit j'étais au chaud. Dans ma tête, tout se mélangeait. Je ressassais sur moi qui « espérais » depuis que Jésus m'avait rejointe à Barcelone. Je m'étais raconté des histoires alors que je m'étais juré de ne pas m'en raconter ! Et ce n'était pas le moment de recommencer, de m'en raconter une autre. Il avait juste dit que ça lui avait fait bizarre de me retrouver en Espagne. Il n'avait pas dit que ça l'avait trop énervé de me voir arriver et qu'il n'avait plus jamais envie de me voir. Je repensais au baiser sur le quai de la gare en Inde et à tous ces couples qui se sont aimés un jour et qui ne s'aiment plus. Je repensais aux paroles d'Alice : « Nina, une chose vécue ou dite à un instant T ne compte pas pour toute la vie. Rappelle-toi, au brevet (décidément, ce brevet l'avait obsédée à bien des niveaux, qu'est-ce qu'elle allait nous faire pour le bac !?), t'as eu 15 en maths parce que t'es tombée sur une des rares leçons que tu avais parfaitement comprises dans l'année. Parce que sinon, en maths, tu vaux 10-11 maximum. 15, c'est juste ta note de cet instant T. » Merci Alice !

C'est vrai que si un jour je prends trop de confiance, tu seras là pour me rappeler ma triste vérité.

Garance est venue se coucher. Maintenant c'est ma petite sœur qui venait se coucher après moi, c'était vraiment de super vacances !

– Tu dors, Nina ? elle a fait en se collant à moi.

– Non, Garance. Pousse tes pieds, ils sont gelés.

– Qu'est-ce qui s'est passé avec Jésus ?

– Rien.

– Alors pourquoi t'es déjà là et pourquoi il est tout seul dans la cuisine devant son ordinateur ?

– Dors, il est tard.

– T'es triste ?

– Je n'ai pas envie d'en parler, dors.

– Tu sais, Nina, parfois je m'en veux de t'énerver parce que t'es la plus gentille des grandes sœurs et surtout la plus rigolote, et j'espère plus tard avoir ton humour et ta beauté.

Waouh ! Je le répète, dès que Garance me sent mal, elle devient la plus compréhensive des filles de dix ans et la meilleure des petites sœurs.

– Dors, j'ai répété en la serrant contre moi et en acceptant ses pieds gelés sur mes mollets tièdes.

Elle n'a pas tardé à s'endormir profondément. Faut dire qu'avec ses heures de baignade dans l'eau glacée, c'était plutôt normal !

18.

– ¡*Hola, guapa, que tal mi cariño!* a lancé Pilar, la mère de Jésus, le lendemain midi, en guise de réveil.

Ce qui est cool avec les Espagnols, c'est qu'on est toujours *guapa* (belle), voire *guapissima* (très belle), *cariño* (trésor), *cariñoso* (adorable). Au moins ça fait du bien à l'ego.

Perso, j'en avais particulièrement besoin – notamment à cause de son fils parfait.

– T'as l'air en super forme, Pilar !

– *Querida* (chérie), je n'ai pas seulement l'« air », pendant ces dix jours en tente de sudation, j'ai renoué au plus profond de moi-même avec mes chakras !

– En suant ?

– Oui. C'est un remède que les Amérindiens utilisaient pour préserver leur santé et prévenir les maladies.

Pilar n'avait pas fait que prévenir les maladies. Elle avait aussi fondu. J'étais certaine que, lorsque ma mère allait la voir, elle allait direct vouloir l'imiter. Prochaine étape minceur : la tente de sudation !

– Maintenant, faut que je continue ma diète, sinon ma rate va en prendre un coup, la rate c'est vraiment un organe important, tu comprends ?

– Oui.

Évidemment que je ne comprenais rien, mais avec Pilar valait mieux faire semblant parce que sinon elle pouvait s'embarquer dans une explication de plus de deux heures.

Jésus avait commencé à vider la voiture de sa mère. Pilar était passée par un marché ultrabio – les carottes avaient autant de terre que si elles étaient encore en terre !

– Tu veux de l'aide, Jésus ?

– T'inquiète, j'ai presque fini.

Je me suis fait un thé.

– Tu nous accompagnes à la piscine, Nina ? m'ont demandé les deux moustiques.

– Non, désolée.

– C'est nul, Jésus non plus ne peut pas tout de suite.

– Écoute, Garance, t'es vraiment adorable en ce moment mais j'ai envie de traîner un peu, je suis pas baby-sitter à plein temps, c'est aussi « mes » vacances !

– T'es pas sympa !

– Tu ne t'en rends compte que maintenant !

Elles sont reparties demander à Pilar, mais Pilar allait voir sa maman sortie de l'hôpital pour la maison de convalescence du côté de Tarragone. Elle voulait bien prendre les petites avec elle. Ouf ! Merci Pilar ! En même temps, ça faisait dix jours que son fils et sa mère s'occupaient de Zaouïa, elle pouvait être arrangeante !

J'ai alors reçu un message de Diego. Il était sur son spot de skate. Un tagueur disait que le XYX était fait par un certain Silvano Ubieto Lopez, un jeune de Tarragone un peu bizarre qui zonait à Barcelone en ce moment.

C'était donc un garçon, alors que je pensais à une fille, et nous avions son identité. Génial !

Mais qu'est-ce que le tagueur qui avait renseigné Diego entendait par un peu « bizarre » ? J'ai observé la photographie du tag géant. Entre les dessins du carnet et le tag, il y avait peu de ressemblance. Son cahier, c'était vraiment comme un journal intime. Au lieu d'écrire, il dessinait.

J'ai illico recherché Silvano sur les réseaux sociaux. De nouveau, rien. J'en ai parlé à Garance et à Jésus. Comme moi, ils trouvaient étrange que quelqu'un qui passe son temps à taguer son nom dans des lieux publics refuse les réseaux qui pourraient lui permettre de se faire connaître.

J'ai repensé au sac, au mascara vert et à la crème teintée. Il était peut-être en couple.

Dans l'annuaire des téléphones fixes, Jésus a cherché un Ubieto Lopez. Il n'y en avait pas. Mais Silvano avait sans doute comme tous les Espagnols les noms de son père et de sa mère. Donc son père ne pouvait pas figurer au nom de Ubieto Lopez dans l'annuaire. On a cherché tous les patronymes commençant par Ubieto, sans doute le nom du père qu'on place toujours en premier. Il y en avait pas mal. Peu importait. On a décidé d'appeler !

À chaque fois, Jésus téléphonait en précisant qu'il était un copain de Silvano Ubieto Lopez, qu'il avait perdu son téléphone et donc tous ses contacts. Il souhaitait avoir son numéro et tentait sa chance *via* les numéros de fixe. À chaque fois, la personne répondait qu'il s'agissait d'une erreur, il n'y avait pas de Silvano à cette adresse et elle ne connaissait pas de Silvano Ubieto Lopez. On a persévéré et, au douzième appel, une voix masculine a rétorqué sèchement que Silvano n'habitait plus ici et qu'il était injoignable.

Jésus n'a même pas pu placer l'histoire du sac car l'interlocuteur avait déjà raccroché. Vu son ton particulièrement désagréable, on en a déduit qu'on avait téléphoné au domicile de notre mystérieux artiste.

Mais on faisait quoi maintenant ?

Garance voulait aller chez les parents de Silvano. On ne pouvait pas s'arrêter en si bon chemin. Le fameux syndrome *Club des cinq*. Moi j'étais pour me rendre directement sur le spot de skate de Diego. Silvano venait parfois y taguer, on avait donc une chance de le rencontrer. Garance m'a fait un clin d'œil discret, genre « et pour tenter de rencontrer aussi Diego, non ? ». Je crois que j'ai un peu rougi. Elle avait raison. J'avais envie de rencontrer ce garçon trop mignon. Si ça se trouvait, il était complètement nul. Impossible. Il avait l'air cool et il était fiable. À chaque fois, il avait fait ce qu'il avait dit qu'il ferait.

– Écoute, a coupé Jésus. Je suis plutôt de l'avis de Garance. Tarragone est à moins d'une heure de bus et comme t'as pas spécialement envie de plonger dans l'eau froide de notre magnifique piscine, tu ne perds rien !

– Okay, mais aller taper l'incruste chez des parents qui sont *a priori* en colère après leur gosse, ça va nous mener où ?

– Au moins, on refile le sac que t'as embarqué et c'est réglé !

Okay ! Seul petit problème : Pilar était d'accord pour nous déposer à la gare routière la plus proche – d'accord pour nous mais pas pour Garance qu'elle estimait trop jeune. Et surtout elle souhaitait éviter les pleurs de Zaouïa qui voulait sa Garance pour elle.

Ce jour-là, Garance a compris qu'être une star exige aussi des sacrifices.

19.

Pendant le trajet en bus, ni Jésus ni moi n'avons reparlé de notre soirée de la veille. On faisait comme si tout allait bien, et tout allait bien. Je n'étais pas une fille qui attend.

Je m'en remettrais.

Notre sujet principal était Silvano. Qu'est-ce qui avait pu se passer chez ses parents. Échec scolaire ? Problème de vol ? De drogue ? Il y avait des tas de raisons graves pour s'engueuler sévère avec ses parents. Et aussi un tas de raisons pas du tout graves. Exemple : « Nina, t'aurais pas vu ma paire de lunettes de soleil. – Laquelle, maman ? – Les rondes, celles que j'adore. – Euh non... – T'es certaine ? – Euh oui. » Pas le temps de retourner dans ma chambre, ma mère y est déjà, la main sur ses lunettes que j'ai oublié de remettre dans sa chambre à elle après utilisation clandestine. Hurlements de Val : « Tu n'as pas à prendre quelque chose à MOI sans ME demander la permission, sans compter que je t'interdis de prendre

MES lunettes. Tu es mal élevée. » Normalement, dans ce cas précis je lui réplique que c'est pourtant elle qui m'a élevée à 70 % depuis mes neuf ans et là elle se retient de me gifler et elle le dit : « Tu as de la chance que je sois contre la violence ! »

Avec Jésus, on a continué d'égrener les raisons graves d'une rupture entre un père et son fils, et on a commencé à délirer sec. Silvano a ramené une fille sans la permission de son père. Silvano s'est rasé le crâne. Silvano a piqué la voiture de son père, a eu un accident et l'a brûlée. Silvano a fait une fiesta qui a mal tourné chez ses parents pendant leur absence. Et en attendant d'avoir la véritable explication, j'ai retiré le cahier de dessin du sac à dos car je voulais le remettre à Silvano, pas à quelqu'un qui se réjouirait de le détruire.

Jésus a approuvé, puis on s'est trituré la tête sur le XYX qui ne correspondait à aucune lettre de son patronyme.

– Toi, le matheux, t'as vraiment aucune idée sur la symbolique de deux X et un Y ?

Il a réfléchi un long moment avant de me dire, sur un ton pas très convaincu par ce qu'il avançait :

– Le symbole X est généralement utilisé pour désigner une inconnue ou une variable. XY pourrait représenter un graphe…

– Quoi ?

– Un tracé de courbe où X représente les abscisses et Y les ordonnées.

– Les abs… ???

– L'abscisse est l'axe horizontal dans un tracé de courbe et l'ordonnée est l'axe vertical...

– Je te demandais un truc normal pour les gens comme moi, pas un truc pour les spécimens archi-doués comme toi. Un truc que tout le monde peut comprendre !

– D'une façon générale, le symbole X désigne l'inconnu.

– Ma mère m'a dit la même chose. Monsieur X, plainte contre X. Naissance sous X, genre, Silvano a fait des recherches et a appris qu'il n'était pas le fils de ses parents et il a voulu rencontrer ses parents biologiques qu'il appelle par un double X puisqu'on a forcément deux géniteurs, et son père l'a appris...

– Pas mal, m'a fait Jésus. Tu devrais peut-être penser à travailler pour le FBI. Et le Y au milieu des deux X ?

– Là, franchement, je vois pas... Ce sont mes limites, le FBI ne voudra jamais de moi.

– Si on reste dans l'idée de l'inconnu, peut-être que Silvano veut dire « X pourquoi né sous X », X *why* X ? Puisqu'en anglais *why* se prononce comme la lettre Y et...

– ... que dans les messages *in english* le Y peut s'employer comme l'abréviation de *why*.

– Exact, Nina, *Why I m XX*, ce qui fait XYX ?

– Pas mal, Jésus, pas mal du tout, mais bon, je t'avais demandé un truc simple !

– Mais c'est ultrasimple ! X *Why* X ? La preuve, c'est que tu as compris !

Ha, ha ! Que mon « ex » est rigolo !

L'arrivée du bus à Tarragone a clos la conversation sur le sujet.

Jusque-là, je connaissais cette ville parce qu'elle se situe tout à côté du parc d'attractions de Port Aventura. J'y suis allée une fois avec mon père. On a fait la fermeture. Il était à fond, autant que moi. Mais Jésus m'a appris que Tarragone, située à une centaine de kilomètres au sud de Barcelone, est très visitée par les amateurs de ruines romaines.

On est montés dans un bus de ville qui nous a déposés dans un quartier résidentiel de petites maisons avec jardinet. Tout était calme et propre. On était loin de l'ambiance *street art*. Devant le numéro 488, on a hésité. Mais excepté sonner, parler du sac et essayer de savoir où Silvano se trouvait, on n'avait aucune autre idée.

On a sonné.

Pas de réponse.

On a sonné de nouveau. Pas de réponse.

– Remarque, si tu veux vraiment entrer, on a les clés ! a fait Jésus.

– Très drôle !

– Juste pour voir si ça correspond, il a fait en sortant le trousseau du sac et en introduisant une clé dans la serrure du portail.

Après quelques essais, il est tombé sur la bonne. On était maintenant certains que c'était « notre » Silvano et je me suis dit qu'on avait vraiment avancé depuis ce moment où, ivre, j'avais embarqué le sac.

On a décidé de patienter. On s'est assis sur le trottoir en attendant qu'un des résidents du 488 surgisse. On a patienté un certain moment, puis la voisine d'en face est arrivée. En se garant, elle nous a observés, mélange d'étonnement et de méfiance. C'est vrai qu'à cette heure-là le quartier était désert. Elle nous prenait peut-être pour des rôdeurs.

– Bonjour, vous cherchez quelqu'un ?

– Oui, madame, nous attendons Silvano Ubieto Lopez, a répondu Jésus, vous le connaissez peut-être.

Elle a marqué un temps. Un gros temps de silence. C'était une femme ronde, sans doute d'humeur assez joviale, dans les quarante ans, mais là on la sentait embarrassée. Comme si elle essayait de deviner quelles étaient nos véritables intentions. Avant qu'elle ait eu le temps de se décider, une voiture a pris place devant le parking du 488. Quand le conducteur est sorti de son véhicule, la voisine lui a fait un signe aimable de la main et elle est rentrée chez elle.

– C'est vous qui m'avez téléphoné ce matin pour Silvano ? Que voulez-vous ? nous a fait le propriétaire du véhicule sur un ton signifiant « fichez le camp au plus vite ».

C'était un homme de haute taille. Très mince et avec des yeux verts incroyablement verts. J'ai pensé au mascara vert du sac. Quant à Jésus, il ne s'est pas laissé impressionner. Il lui a parlé du *parque* (le parc) où j'avais trouvé le *mochila* (le sac à dos) et de *llaves* (les clés). J'ai compris que l'homme était le *padre* (le père) de Silvano mais que son *hijo* (son fils) n'était plus son *hijo*. Il n'avait pas de *noticias* (nouvelles) de lui et il n'en voulait pas, mais il voulait récupérer les *llaves*.

Jésus semblait un peu agacé par cette demande, mais c'était délicat de refuser de rendre les clés de sa maison à un homme qui les réclamait et qui était en face de vous.

Jésus s'est donc résolu à lui tendre le sac. Le père l'a ouvert, a regardé à l'intérieur, a pris les *llaves* et lui a rendu le sac, comme si le reste du contenu ne l'intéressait pas. Puis il est rentré chez lui, nous laissant à la rue, avec le sac de son fils à la main.

Notre échange avait duré moins de cinq minutes et nous a laissés sidérés.

– Il ne nous a même pas lancé un vague merci pour lui avoir rapporté ses clés !

– Il m'a dit qu'il s'apprêtait à faire changer toutes les serrures au cas où des petits malins, peut-être pensait-il à nous, auraient eu envie de pénétrer chez lui.

– T'as une idée de ce qui a pu se passer entre Silvano et son père ?

– Un désaccord à la con, comme il en existe des milliers entre parents et enfants.

– Un désaccord à la con ! Tu parles ! Je suis certaine qu'il y a du lourd derrière. C'est pas juste ma mère qui m'engueule parce que j'ai oublié de vider le lave-vaisselle.

La voisine nous observait de chez elle. Comme elle ne se décidait pas à nous lancer une invitation pour venir prendre le thé, on l'a saluée d'un geste de la main et on est repartis en direction de l'arrêt de bus.

Jésus m'a fait le résumé détaillé de sa conversation avec le père.

J'étais trop contente. J'avais compris le sens général. Sacré contexte, il avait fonctionné ! Lui et moi étions amis à présent.

J'avais presque envie d'envoyer un petit mail de félicitation à ma prof d'espagnol pour avoir tenu bon. Non pardon, un *correro electronico*. Les Espagnols préfèrent toujours traduire ou à la limite adapter plutôt que de se lancer dans les anglicismes, comme en France. Ça aussi, ma prof nous l'a martelé. Dans ce pays, on ne *skipp* pas la publicité sur Internet. On *saltar* (sauter) la publicité. On ne dit pas bar à cocktails mais *cocteleria*. On ne parle pas de week-end mais de *fin de semana* ! *Wonder woman* est *la mujer maravilla* (la femme merveilleuse).

L'espagnol en Espagne, c'est pas *has been* comme le français en France !

On n'était pas encore arrivés à l'arrêt du bus qu'une voiture s'est arrêtée près de nous.

– Vous allez à la gare ? a demandé la fameuse voisine en ouvrant sa portière.

– Oui, à la gare routière.

– Montez, je vous emmène !

On est montés.

– Je ne voulais pas que le père de Silvano me voie vous parler. Je ne veux pas d'histoires avec mes voisins.

Je suppose que c'est Silvano qui vous a envoyés prendre ses affaires, mais son père a tout mis dehors. Dites à Silvano que sa voisine, Maria-Dolores, a récupéré pas mal de choses. Beaucoup de ses dessins, de ses cahiers, des photos aussi... Dites-lui que tout est chez moi, qu'il peut m'appeler quand il voudra et que je viendrai les lui apporter où il veut, okay ?

Jésus m'a traduit ce qu'elle venait de nous dire, et tous les deux, à part la vérité, on ne voyait pas trop quoi lui répondre. Et j'ai compris que Jésus lui demandait ce qui s'était passé entre Silvano et son père ?

– Vous ne savez pas ?

Jésus a secoué la tête. J'ai secoué la mienne.

– Mais alors, si vous ne connaissez pas Silvano, qu'est-ce que vous faites là ?

Jésus lui a résumé la situation : le *parque*, le *botellón*, la *mochila*, les *llaves* et le *cuaderno de dibujos* (le cahier de dessin) qu'on voulait lui rendre.

– Moi qui croyais que vous étiez des amis venus récupérer ses affaires !

– Qu'est-ce qui se passe entre Silvano et son père ? a de nouveau demandé Jésus.

– Désolée, ce n'est pas à moi de vous parler de ça.

– Le père a d'autres enfants ?

– Silvano est fils unique.

– Vous n'avez pas une petite idée de l'endroit où il a pu aller ? Il dort bien quelque part, il n'a pas d'amis par ici qu'on peut aller voir ?

– Je ne connais pas ses amis... Vous savez, Silvano, c'est quelqu'un de gentil, vraiment gentil... Son père ne comprend rien...

– Et sa mère, elle est où ? Ses parents sont séparés ?

– Non, ils vivent ensemble. Mais la mère ne vous aidera pas. Elle est toujours d'accord avec son mari. C'est lui qui décide pour eux deux. Elle l'a laissé hospitaliser leur fils sans rien dire.

– Hospitalisé ? Pourquoi ?

– Si vous rencontrez Silvano, il vous le dira, elle a fait en stoppant devant la gare et en nous souhaitant *buena suerte* (bonne chance).

Dans le car du retour, une fois que Jésus m'a traduit mot pour mot son échange avec la voisine, on n'a pas cessé de se questionner. Pourquoi son père l'avait-il fait hospitaliser ? Drogue ? Violence ? Et si Silvano n'avait rien fait ? Parce que, pour qu'une voisine comme Maria-Dolores le défende, c'est qu'il était sans doute plus la victime de son père que son agresseur.

Né sous X. Un détail me perturbait. Ce mascara vert... Et les yeux verts du père. Silvano avait les yeux de son père ? Donc c'était son père biologique ? Mais pourquoi Silvano mettrait du mascara ?

20.

À peine rentrée au *pueblo*, j'ai reçu un message de Diego. Silvano n'était pas encore revenu taguer mais il avait discuté avec quelqu'un qui le connaissait et qui allait essayer de le faire venir le lendemain.

J'ai eu soudain trop envie d'y aller. Jésus aussi. Il a demandé à sa mère s'il pouvait m'accompagner à Barcelone. Pilar était ennuyée. La mamie allait sortir de l'hôpital, et Pilar avait besoin de Jésus. Pour une fois qu'elle ne lui demandait pas de garder Zaouïa pour aller suer ses chakras en se concentrant sur sa rate ! C'était difficile de refuser.

Pilar ne comprenait pas pourquoi je voulais absolument partir. Si c'était si urgent que ça, on pouvait envoyer Montse. Je sais exactement comment convaincre les personnes comme Pilar. Ma mère a tout un tas de copines bien barrées comme elle. Donc j'ai calmement pris sa main et doucement je lui ai expliqué :

– Tu sais, Pilar, j'ai la sensation que ce *cuaderno de dibujos* a été mis sur mon chemin parce que je dois rencontrer Silvano, c'est mon karma. Je dois y aller.

– *Guapa*, je comprends. C'est toi qui as pris ce *mochila*, pas Montse. Je t'accompagnerai à la gare demain. Mais il te faut quand même un interprète, tous les jeunes ne parlent pas l'anglais !

– Si Diego le parle comme il l'écrit, c'est suffisant.

– Comme tu veux, *querida*.

À l'opposé de ma mère, Pilar n'est pas contrariante – en tous les cas elle se laisse convaincre facilement. Elle est partie faire quelques postures de yoga au soleil couchant, et moi j'ai été préparer mes affaires tout en textotant avec Diego.

Jésus m'a rejointe et sur un ton sec m'a lancé :

– Je ne pensais pas que tu étais à ce point irresponsable. Tu ne connais même pas ce mec et tu vas le retrouver !

– Il a l'air cool, il m'a tout de suite proposé de venir me récupérer à la gare, et je te rappelle que c'est un ami de Montse !

– Un ami FB, ce n'est pas un ami dans la réalité. Ça ne veut pas dire qu'elle le connaît vraiment !

Comme je ne réagissais pas comme il l'aurait sans doute voulu, il a insisté :

– Un ami FB, Nina ! Tu comprends ce que ça veut dire ?

Je comprenais surtout que Jésus me parlait sur le même ton que ma mère quand elle me trouve débile (c'est-à-dire souvent), et ça commençait à m'agacer. Ma colère montait. Je ne voulais pas la laisser m'envahir. Je ne voulais pas me transformer en harpie (tiens, le mec dans sa tour a décidé de laisser le « e » aux harpies !).

– Jésus, au lieu de t'énerver, le mieux est que tu appelles Montse pour savoir si ce Diego est fiable.

– Je crois surtout que, si tu veux absolument aller là-bas demain, c'est Montse qui t'accompagnera.

J'ai dû faire une drôle de tête parce qu'il a aussitôt enchaîné :

– Je sais, tu n'apprécies pas trop Montse mais tu as tort !

J'ai cherché un truc à rétorquer, genre « mais c'est elle qui n'est pas sympa avec moi ». Mais ça aurait fait tellement gamine que je me suis abstenue.

C'était peut-être le moment d'être cash ! Mais la seule véritable raison était sa proximité avec Jésus, et ça je n'avais pas envie de l'avouer. J'ai donc choisi le second degré :

– Ce n'est pas le genre de filles avec qui je m'entends, elle n'est pas assez superficielle pour moi !

Il a eu un petit soupir exaspéré façon ma mère quand elle me trouve lourde et pas du tout drôle.

Heureusement, Zaouïa est arrivée en pleurnichant. Il est reparti avec elle. Cette gamine pleurnichait souvent mais pas longtemps. Pour preuve, quelques minutes plus tard il était là.

– Montse et toi, vous avez pas mal de points communs, en tous les cas bien plus que tu ne le crois !

J'ai froncé les sourcils façon mon père. Chez lui, ça fait de l'effet parce qu'il a de très gros sourcils. Comme j'ai hérité des siens, je les épile, même si ma mère me dit de faire attention parce que c'est une zone où ça repousse difficilement.

En plus du froncement de sourcils, j'ai marqué un long silence. Parce que, même si c'était en français dans le texte, je me demandais si, pour Jésus, ce que Montse et moi avions en commun n'était pas notre attirance pour sa petite personne. Parce que pour tout le reste je ne voyais pas trop de points communs.

– Quand j'étais plus jeune, j'étais amoureux d'elle.

C'était ça ! Il était amoureux d'elle quand il était plus jeune et maintenant il était amoureux de moi ? Ou bien il avait été amoureux d'elle et amoureux de moi, mais maintenant il ne l'était plus et c'était ça notre point commun à elle et moi ? Et plus jeune, ça voulait dire quoi ? L'an dernier ? Juste avant l'Inde ? Puis finalement peu importait « quand », le problème c'était « de qui » !

– Être amoureux de sa cousine, je trouve ça malsain, limite incestueux.

– Dans la famille, on nous appelle « cousins », mais Montse est la fille de la seconde femme du frère de ma mère. Ce n'est pas sa fille à lui. Montse est surtout mon amie.

– Vous êtes sortis ensemble ?

– Oui.

– Quand ?

– On avait dix ans, on s'est embrassés.

J'ai eu un moment de flottement.

Il était en train de me parler d'un amour d'enfance !

Pour quelles raisons ? Pour m'alerter ? Ça allait reprendre entre eux ? Il fallait que je comprenne bien qu'il n'était pas libre ? Cette histoire commençait à me taper sur le système.

– Tu peux s'il te plaît appeler Montse pour savoir si je ne risque rien avec Diego ?

– Tu le fais toi-même ! Montse ne va pas te mordre !

Même si Montse n'allait pas me mordre, je me suis passée de son avis sur Diego. J'ai préféré téléphoner à mon père. Il était content de m'entendre – c'est vrai que je l'avais un peu négligé ces temps-ci.

Heureusement, il n'est pas comme ma mère. Si je ne l'appelle pas, il est déçu, mais il ne me fait pas culpabiliser comme elle. Je lui ai parlé de Silvano. Il a compris mon besoin de le retrouver. Je lui ai parlé de Jésus. Ce n'est pas que je lui fasse plus confiance qu'à ma mère, mais comme il n'est pas sur place, je me sens protégée de toute intrusion dans ma vie privée. Quand je suis à Dublin avec lui, c'est à ma mère que je me confie.

Mon père ne m'a pas beaucoup aidée. Il a juste souligné que les rencontres amoureuses sont truffées de ce type de situations, l'un se raconte tout un truc dans sa tête et l'autre ne se le raconte pas, alors qu'on croyait être sur la même longueur d'onde. J'ai quand même insisté pour avoir son point de vue d'homme sur la question. Il m'a juste marmonné que les garçons sont souvent un peu cons avec les filles.

– Merci papa, ça m'aide vachement !

Pendant le dîner, j'ai pu vérifier que mon père avait raison puisque Jésus ne m'a pas adressé la parole.

Une fois la table débarrassée, il a planté ses yeux sur son ordinateur et ses écouteurs dans ses oreilles. Ça m'a rappelé la période de notre rencontre à l'ashram. Pas franchement la meilleure puisqu'on passait notre temps libre (et nous en avions beaucoup) à regarder des films sur nos ordinateurs respectifs sans s'adresser la parole !

J'ai rappelé mon père pour lui raconter l'attitude de Jésus. On a rigolé. Je ris souvent de ce qui devrait me faire pleurer. Je me demande si je suis normale. Ce qui est certain, c'est que je n'aurais peut-être pas dû le rappeler parce que du coup il m'a demandé où était Val.

Je n'aime pas lui mentir. Surtout pour ma mère. En même temps, quand on ment pour épargner une tristesse à quelqu'un, est-ce vraiment mentir ? J'ai bafouillé qu'elle avait du travail à Barcelone et qu'elle y était restée. Au silence qui a marqué la fin de ma phrase, j'ai imaginé qu'il était en train de se faire son film à lui. Maman avec Gustavo. Il savait qu'on était chez lui et il l'avait connu vingt-cinq ans plus tôt. Heureusement, Garance est arrivée pour discuter avec son papa chéri et moi j'ai fait le point avec mes amies par messages interposés.

Évidemment, elles ont toutes trouvé Jésus supernul. Ce qui est bien avec les copines, c'est qu'elles vous donnent souvent raison.

Après, pour passer le temps, je suis retournée voir le profil de Diego. Il était trop mignon, avec une chevelure brune impressionnante, tout en bouclettes. Des yeux bien noirs. Un brin métissé. Ça m'a totalement remonté le moral d'avoir rendez-vous avec ce garçon. Il m'est revenu en tête le proverbe : « Un de perdu, dix de retrouvés ! » Je n'en demandais pas dix. Juste un seul qui m'aime et que j'aime. Vivre enfin un vrai truc. Je n'ai pas encore seize ans et pourtant la sensation d'être une vieille fille me colle à la peau. Il ne m'est rien arrivé depuis la cinquième. Faut dire que j'ai eu mes bagues cette année-là et que je viens juste de les enlever. Pendant cette période, même quand je riais, je le faisais bouche fermée. Ouvrir la bouche et faire tourner la langue, j'en étais incapable. Maintenant, je ris bouche grande ouverte, seulement je n'ai toujours personne à embrasser ! Comme dit Alice, la théorie du baiser et du « voire plus si grosses affinités » n'a guère de secret pour nous. On a à disposition tout un tas de documents et on ne s'est pas privées de se renseigner. Elle et moi on pourrait donner un cours là-dessus. Mais côté travaux pratiques, c'est la misère. Je veux être amoureuse avant d'aller plus loin. Je veux avoir confiance. Je préfère un garçon qui ne l'a jamais fait. Si je suis nulle il ne s'en rendra pas compte. Alice préfère un garçon qui a de l'expérience afin d'éviter la catastrophe totale. On a la sensation que pour les garçons, la première fois c'est juste pour l'avoir fait. Alors que pour les filles ça doit être un moment incroyable qu'on n'oubliera jamais. Les garçons, ils en parlent tout le temps. Ils ne pensent qu'à ça, à tel point que même quand ils ne l'ont pas fait, ils te disent qu'ils l'ont fait ! Or, sans être une référence en logique mathématique, je sais qu'ils se vantent parce que, s'ils l'ont fait alors que les filles de notre âge ne l'ont pas encore fait, avec qui l'ont-ils fait ? Avec des filles de vingt-cinq ans ? Comme si les filles de vingt-cinq ans s'intéressaient aux garçons de ma classe !

C'est exactement ce que raconte la chanson *Summer nights* de Grease. Je l'adore ! Le garçon raconte qu'il l'a fait et qu'elle était sacrément coquine, et la fille raconte qu'il était romantique et qu'ils se sont juste tenus par la main sous la pleine lune. Perso, j'ai toujours cru à la romance version Olivia Newton John plutôt que version John Travolta.

21.

Le lendemain à 11 heures, je prenais le train seule. Je n'avait pas été hypermotivée pour embarquer Garance sur un spot de skate et de graffs. Elle avait compris et plutôt pas insisté.

À Barcelone, je savais que Luis m'attendait. La veille, je lui avais raconté mes aventures de la journée et comme la perspective de chercher Silvano avec la « fausse » cousine de Jésus ne me ravissait toujours pas, il m'avait proposé de m'accompagner, *con gusto* (avec plaisir).

Le train était à l'heure. J'étais à l'heure et Luis aussi. Ne manquait plus que Diego qui m'avait prévenue d'un petit retard. En l'attendant, on a discuté de Jésus. J'ai promis à Luis d'arrêter de me retourner la tête avec ça. Il resterait un ami. Enfin je l'espérais.

– Et toi t'as un amoureux ?

Il a secoué la tête en souriant. J'ai eu la sensation qu'il en avait un mais qu'il préférait écouter les histoires de cœur des autres plutôt que de révéler les siennes. C'est à ce moment-là qu'une espèce de tourbillon brun sur skate a foncé sur nous.

– *¿Eres Nina?*

– *Si.*

– *Soy Diego, muy encantado, Nina. Sorry to be late.*

Diego aussi avait regardé mes photos sur mon mur. Sinon, comment avait-il fait pour me reconnaître et foncer droit sur moi ?

Il est descendu de sa planche, m'a plaqué une bise sur la joue en me serrant quelques secondes contre lui comme si on se connaissait depuis toujours. *Un abrazo muy fuerte!* Puis check à la cool avec Luis.

Diego était encore plus canon que sur les photos. Il était lumineux et irradiait la bonne humeur. Il y a des gens avec qui au bout de cinq secondes vous savez que le courant passe. C'était le cas entre nous deux.

On s'est tous les trois dirigés vers le métro. Direction : chez Gustavo. Je voulais y déposer mon gros sac.

La veille, ma mère avait voulu savoir si je revenais à Barcelone plus tôt que prévu parce que ça c'était mal passé avec Jésus. J'avais failli lui dire que ça s'était passé beaucoup moins bien qu'entre Gustavo et elle mais bon, encore une fois, je préférais me taire et conserver ma cartouche Gustavo en cas de besoin impérieux.

Au téléphone, je lui avais juste résumé l'histoire de Silvano. Comme mon père, Val avait compris ma volonté de retrouver l'auteur des dessins. Elle avait même été d'accord pour que ce soit mes « nouveaux » copains qui viennent me chercher à la gare. Elle était de plus en plus cool. Ou peut-être qu'elle se fichait de plus en plus de ses deux filles. Elle était corps et âme à son nouvel amour et en oubliait même de me demander de lui confirmer par texto mes départs et arrivées pour des lieux inconnus !

Diego et Luis sont passés de l'espagnol à l'anglais pour m'intégrer à la conversation. Diego ne cessait de s'excuser pour son pauvre anglais et moi je n'arrêtais pas de lui dire que j'aurais trop aimé parler espagnol comme il parlait anglais.

– *¿Podemos hacer intercambio. Tu ingles y mi espagnol ?* il m'a proposé.

Claro que si! Je voulais bien faire de l'*intercambio* et même lui donner quelques cours d'anglais juste en échange de sa bonne humeur.

Val nous avait préparé des *bocadillos de queso y jamon.* Elle a tout de suite apprécié Luis et sa *cultura* tellement *francesa.* C'est vrai qu'elle n'est pas habituée à ce que je lui ramène des copains qui ont lu Maupassant pour le plaisir et non pour les cours. Elle a aussi été très sympa avec Diego, même si lui, il ne savait pas qui était Maupassant et très clairement n'allait pas s'y mettre demain.

Diego s'est plutôt extasié sur la tanière de Gustavo, qu'il trouvait géniale (prononcer en espagnol avec un R et un GN, *régnial*). La conversation était un brouhaha d'espagnol, d'anglais et de français. J'étais encore l'intrus linguistique.

En entendant discuter Gustavo, Luis et Diego, je commençais à aimer cette langue qui me laissait indifférente jusqu'à présent, à aimer ces mots qui semblent partir du plus profond de la gorge, et ces « R » roulés qui n'en finissent pas. Combien de fois, alors qu'on poussait sur le « R » comme des malades, notre prof s'était énervée, « ce n'est pas en forçant un "R" français qu'on obtient un "R" espagnol ». Le « R » français se prononce en faisant vibrer le dos de la langue contre le palais, alors que le « R » espagnol s'obtient en faisant vibrer la pointe de la langue entre les dents. Ah, les fous rires de la classe, en tentant *la vibracion de la lengua* !

– Tu choisis tes nouveaux copains sur photos ? m'a chuchoté ma mère. Entre les deux, je me demande bien lequel est le plus craquant. Diego est encore plus beau en vrai !

– Euh...

J'étais trop gênée et Val l'a noté.

– Nina, pas de panique. Je ne fantasme pas sur les petits jeunes. Tranquille. Je te disais juste que Luis et Diego sont magnifiques. Comme si toi, tu trouvais un type de mon âge beau !

– La différence, c'est que moi je suis incapable de trouver un mec de ton âge beau !

Soupir avec haussement de sourcils.

Val est allée faire quelques postures de yoga et moi je suis partie avec mes deux bombes latines.

D'origine cubaine par sa mère, Diego vivait à Barcelone, tantôt avec elle et tantôt avec son père (catalan). Il aimait bien être chez son père car il travaillait de nuit comme infirmier à l'hôpital, et lui fichait une paix royale.

J'ai compris que son *ocio* (loisir) *favorito* était le skate et qu'il était plus rap qu'électro mais était très *interesado para descubrir mas el electro* (intéressé pour découvrir un peu plus l'électro) ! *No problema!* Je voulais bien découvrir le rap cubain parce que, excepté Orishas, je ne le connaissais pas. Et Orishas, c'est vieux puisque ma mère a leur CD à la maison. Plus je discutais et découvrais Diego et plus je l'adorais.

Un ange gardien avait eu pitié de moi et avait mis sur mon chemin ce garçon trop mignon et tellement sympa.

« Ne pas s'emballer. Ne pas délirer. Ne pas se raconter d'histoires. »

Pfff. Comme si c'était mon genre !

Mais bon, quand même, j'avais l'impression qu'il ne me trouvait pas que sympa et... à chaque fois que nos regards tombaient l'un dans l'autre, il détournait rapidement la tête, comme gêné, et se concentrait sur Luis.

Pourquoi ? Par gêne ? Par timidité ?

En approchant du lieu où j'allais rencontrer Silvano, le rythme de mon cœur s'est accéléré. C'était comme un rendez-vous amoureux. Enfin, l'idée que je m'en fais. Je rappelle que mon expérience à ce niveau-là est très limitée, que mon dernier rendez-vous amoureux date du début cinquième. Je sais, c'est nul. Je ne peux pas mettre tout sur le compte de l'orthodontiste. C'est comme ça.

J'attire l'amitié. Pas l'amour. Je n'ai même pas besoin de dire à un garçon que je ne suis pas disponible parce que je révise le brevet, pour la bonne raison que jamais un garçon ne me demande de sortir avec lui. Quand ils comprennent que je ne vais pas coucher avec eux pour leur faire plaisir mais que j'attends l'amour, ils partent en mode ami avec moi et rapidement me gratifient d'un : « C'est vraiment cool de ne pas avoir couché ensemble. C'est trop cool de discuter avec toi. »

Eh oui, je suis douée pour l'amitié !!!

La rampe de skate préférée de Diego se situait très loin du centre de Barcelone. J'ai pensé à Montse : aucun touriste alentour. Un parc, des barres d'immeubles plus ou moins en bon état et un rio asséché encadré par des parois en béton taguées de partout et assiégées par les skateurs. L'ambiance semblait cool. Certains écoutaient de la musique. Du rap. Mais ce n'était pas le genre de lieu où je serais restée à traîner le soir. Genre d'ambiance qui peut vite déraper et devenir un peu glauque.

Plus loin, dans une espèce de terrain vague, la municipalité avait installé quelques rampes de skate « officielles » où les plus jeunes et les moins « pros » s'entraînaient.

Diego m'a indiqué les « XYX » sur une paroi du rio. C'était impressionnant par la taille et la violence des couleurs, très différent de la signature sur les dessins.

On s'est calés pour attendre Silvano. Diego s'est éloigné avec sa planche du côté du rio.

Le skate m'a toujours impressionnée. Il ne faut pas avoir peur des hématomes. Ce qui n'est pas mon cas. Être un casse-cou, comme disent les vieux.

Diego ne dérogeait pas à la règle. Il tombait et se relevait comme s'il ne ressentait pas la douleur. De nouveau nos regards se sont croisés et de nouveau il a laissé rapidement filer le sien ailleurs, comme s'il se sentait pris en faute.

Mais de quoi ? Lui aussi allait bientôt m'annoncer qu'il était amoureux en secret de sa cousine qui n'était pas vraiment sa cousine ?!

Avec Luis, on a discuté de plein de choses, notamment de son pays.

– Pourquoi tes parents ont quitté le Honduras ?

– Pour fuir les *maras*.

– Les *maras* ?

Luis a allumé son portable et m'a montré des types architatoués de partout, même le visage. Ces types sentaient l'ultraviolence.

– Les *maras* sont des gangs armés. Ils sévissent principalement en Amérique centrale. Ils font régner la terreur. Drogue. Rançons. Enlèvements. Armes. Prostitution. Ils sont très dangereux. Une bande s'est mise à rançonner le restaurant de mon grand-père. Quand il n'a plus rien eu à leur donner, ils l'ont enlevé. Ma grand-mère a travaillé pendant deux années rien que pour payer la rançon. Après, les *maras* ont recommencé avec un restaurant que mon père tenait avec mon oncle. Mes parents ont compris que ça ne s'arrêterait jamais, qu'on était en train de devenir leurs esclaves. Ils ont décidé de fuir en Espagne. Ici, c'est comme en France, c'est un pays de droit. Si ton voisin te pose un problème, la loi te protège. Le policier qui recueille ta plainte ne fait pas lui-même parti d'une mafia. Au Honduras, mes parents avaient un grand restaurant. Ici, ils ont juste monté une petite *chiringuito*.

– Ah, une paillote !

– Oui, je crois que vous appelez ça paillote. (J'étais trop fière d'avoir réussi à placer la traduction d'un des dix mots d'espagnol que j'avais appris depuis mon arrivée.) Ici on a moins d'argent mais on est tranquilles. À Barcelone, j'ai appris à ne plus avoir peur dans la rue, à ne plus trembler quand je m'arrête pour attendre le bus et qu'une moto avec un passager surgit. Je me dis que c'est juste deux copains sur une moto, ils ne vont pas brutalement s'arrêter pour me braquer ou me tuer. La première fois qu'on est sortis le soir dans Barcelone avec mes parents et que j'ai vu des femmes seules qui rentraient chez elle sans se retourner, sans presser le pas, qui prenaient le métro, le bus, je me suis dit, « c'est dans un pays comme ça que je veux vivre, pas dans un pays où il faut te barricader ». Au Honduras, dès que tu montes dans ta voiture, même le jour, tu t'enfermes. Pas ici.

– Ton pays ne te manque jamais… ?

– La famille, la maison, les odeurs, les paysages, les amis de toujours, oui, ils me manquent. Mais la vie qu'on a dans mon pays, celle que mes parents ont quittée, ne me manque pas. Un pays où il n'y a plus de lois ne peut pas te manquer.

– Toute l'Amérique latine est sous l'emprise des *maras* ?

– Non, il y a des pays normaux, comme l'Argentine, le Chili, l'Uruguay, le Costa Rica... Mais certaines zones du Mexique, de la Colombie, le Salvador, le Guatemala, le Honduras sont très touchés par les *maras*.

– Il n'y en a pas à Barcelone ?

– Quelques-uns. La police veille. Ils représentent une menace possible.

Le soir est tombé et XYX n'est pas apparu. Ni la personne qui devait le conduire ici.

– *Quizas mañana...* m'a dit Diego.

– *¡Quizas!*

Au moment de partir, il m'a fait un *abrazo muy fuerte*. Il l'a fait de façon tellement naturelle que je n'ai pas été gênée.

Sur le trajet du retour, Luis a continué de me parler de son pays, mais j'avoue que je n'étais plus trop concentrée sur ses paroles.

Jésus, Diego ?

C'était le bazar dans ma tête.

L'amour ? On en parle tout le temps mais ça signifie quoi au juste, être amoureux ?

Avoir des sentiments forts.

Okay. Et après ? Après, c'est la merde, dirait Alice. Bon, oublions Alice.

L'amour, c'est faire des choses ensemble en les vivant de façon extraordinaire ? C'est ressentir le manque de l'autre quand il n'est pas là ? Se sentir mieux quand il est là ? Et quand l'histoire se termine, pleurer pendant des jours ? Bouh, trop triste !

Je préfère ne pas penser à la fin parce que sinon je n'arriverai jamais à commencer, *y ya esta*, comme disent les Espagnols pour conclure une fin de phrase d'un « et c'est tout, n'en parlons plus » !

22.

Il me semble que depuis les débuts de l'humanité telle que nous la connaissons, ce sont les parents qui détiennent le pouvoir de décider de ce que leurs enfants ont le droit de faire. Et parfois on croit parfaitement connaître ses parents et il se passe quelque chose de tout à fait surprenant.

– On sort ce soir ! m'a fait Val dès que j'ai poussé la porte d'entrée de chez Gustavo.

– T'aurais pu me prévenir, je serais restée avec Luis.

– « On », c'est nous « trois ».

– Nous trois ! On va où ?

– Surprise, mais ça va te plaire… vraiment te plaire… Habille-toi sympa et sois à l'aise pour danser.

« Sympa et à l'aise pour danser », les vieux ont de drôles de conseils ! Comme si j'allais m'habiller « pas sympa » pour aller danser !

J'ai mis un short, un débardeur et des Converse avec

lesquelles je peux danser jusqu'au petit matin, même si ça ne m'est pas arrivé souvent.

Vers minuit, on est sortis. En Espagne, les lieux de nuit ne se remplissent pas avant 2 heures du matin. On a pris le tramway. Il était bourré de jeunes. Bon, moi je n'étais pas avec mes copines mais avec ma mère. En même temps j'avais dans les cinq ans de moins que les jeunes du tram et du moment que j'étais là, ça m'éclatait. Sans compter que Gustavo ne fait pas vieux. Il est beaucoup trop stylé.

On est descendus tout au nord de la ville. La musique électro emplissait l'espace. Des centaines de jeunes faisaient la queue pour entrer dans une boîte.

Oui, incroyable, ma mère m'emmenait en boîte électro ! Et pas n'importe laquelle, une boîte immense en bord de plage. Je n'en revenais pas. Jamais elle ne m'avait autant surprise. Mon étonnement a dû se lire sur mon visage car elle a aussitôt expliqué :

– Tu aimes tellement l'électro que je ne me voyais pas y aller sans toi.

– Merci maman. Tu es géniale ! (Petit rappel, prononcer « régnial ».) Merci. J'ai peur de ne pas pouvoir rentrer, ils vont me demander ma carte d'identité.

– T'inquiète. Une mineure accompagnée d'un adulte a le droit d'entrer, surtout quand l'adulte est sa mère.

Au lieu de faire la queue, on est passés par l'entrée VIP où Gustavo avait son nom sur la liste. C'était trop classe. Effectivement, j'avais eu tort de m'inquiéter puisque les videurs ne m'ont rien demandé du tout.

On a débarqué dans une salle immense ouverte sur le ciel, avec une piscine. Personne ne se baignait. Il y avait vraiment beaucoup de monde. Un DJ officiait aux platines. Les gens dansaient. Serrés. Des milliers de gens. J'ai alors remarqué de grandes affiches qui annonçaient le DJ star de la soirée, Carl Cox !

– Maman, Gustavo, merci, c'est trop cool, je vais voir Carl Cox ! j'ai fait en leur sautant au cou.

– Tu connais Carl Cox ? a demandé ma mère.

Elle avait presque retrouvé son ton de « attention, ma fille est un peu limitée intellectuellement ».

– Maman, tous les jeunes qui aiment l'électro le connaissent. Mais je ne savais pas que toi, vu les musiques que tu écoutes, tu connaissais.

– Moi ? elle a fait d'un ton quasi outré. Tu plaisantes ! J'écoutais Carl Cox bien avant ta naissance. C'est un DJ de MA génération, tout comme Laurent Garnier ou Jeff Mills. Ce sont les pionniers de l'électro. Votre génération croit toujours que tout a commencé avec elle, mais c'est faux. Cette musique est née avec la mienne et même un peu avant.

Ma mère écoutait Carl Cox. J'écoutais Carl Cox. Quand on sait que ma mère a connu l'époque où on fumait dans les trains, dans les avions et même au lycée pendant les intercours, une époque où Internet n'existait pas, où les téléphones portables n'existaient pas et où il n'y avait pas plus de trois chaînes à la télévision, j'ai toujours la sensation qu'elle a vécu au Moyen Âge. Mais là, quand ma mère s'est mise à danser, j'ai totalement oublié ses cigarettes dans les trains. Elle ne bougeait pas comme une vieille mais comme moi. Ou moi comme elle ? Gustavo aussi dansait trop bien. Ici, elle et lui n'avaient plus d'âge. Je me sentais bien. Il y avait de plus en plus de monde. Un garçon s'est rapproché de moi.

– Comment tu t'appelles ? il m'a dit en anglais.

Val a fait un pas en arrière.

Le garçon ne me plaisait pas. Trop vieux. Dans les vingt ans. Et pas franchement l'air super-propre.

– Je suis avec ma mère, j'ai répondu en pointant Val.

– Tu plaisantes ?

– Non !

Je me suis marrée. Il a disparu. J'ai rejoint ma mère.

– Pourquoi tu t'es éloignée ?

– Je ne voulais pas être lourde !

C'est bien la première fois qu'elle se souciait d'être lourde. Elle était vraiment en pleine mutation et Gustavo n'y était sans doute pas étranger. Si elle continuait comme ça, j'allais planter une statue à la gloire de son mec (qui n'était toujours pas officiellement son mec) au milieu de notre salon, façon autel avec bougies.

– T'inquiète, je connais personne et quand je vais dire à mes copines que j'étais ici pour Carl Cox, elles vont penser que tu es la meilleure des mères !

– Ah bon, je pensais qu'elles le savaient déjà, elle a dit en plaisantant.

– Je te jure, je suis trop fière d'être là avec ma mère. C'est trop classe, j'ai fait en l'embrassant.

– Tu veux boire quoi ?

– Euh... je ne sais pas...

– Ça va, j'imagine que quand t'es avec tes potes, tu ne bois pas de la grenadine.

J'ai revu en vitesse accélérée mon premier *botellón*.

– Euh...

– Qu'est-ce qui te ferait plaisir, Nina ?

C'est fou comme on peut être archicoincé devant les parents. J'allais dire vodka-Red Bull mais j'ai préféré changer de goût :

– Gin tonic.

On est allées au bar. Elle a pris la même chose pour Gustavo et elle. On a trinqué tous les trois. Ils étaient trop mignons. Ils n'osaient pas s'embrasser alors qu'ils en mouraient d'envie. Mais moi non plus je ne voulais pas être lourde, alors j'ai juste croisé les doigts pour avoir la même énergie qu'eux dans trente-cinq ans.

Carl Cox a pris les commandes de la soirée. La foule est entrée en délire et s'est balancée au rythme de sa musique.

Pensée furtive pour Diego : j'aurais tellement aimé qu'il soit là, près de moi, avec son sourire.

Il devait danser super bien.

Pensée furtive pour Jésus : tout ce que j'avais imaginé entre lui et moi et qui ne se passerait sans doute jamais.

Légère vague de tristesse.

J'ai regardé le public qui vibrait. C'était magique. J'ai recroisé les doigts pour que Val se mette officiellement avec Gustavo parce que entre son appartement en plein Barcelone et ses relations dans les discothèques, c'était juste le beau-père idéal.

J'ai regardé Val, finalement je n'avais pas des gènes aussi pourris que ça. Ma mère avait eu une vie qui ressemblait à celle que je voulais. Elle y avait mis un frein quand elle était devenue mère. Ça ne me donnait pas envie de faire des gosses !

On a dansé et dansé. J'ai eu droit à un autre verre. Cette fois une vodka-Red Bull assumée. On a trinqué comme une mère avec sa fille déjà jeune femme et installée dans la vie.

Parfois le futur me fait peur.

J'ai l'impression que jamais je n'arriverai à m'organiser, à faire des choix. Déjà, si j'avais envie d'un métier, ça me rassurerait. Mais je n'ai aucune idée de ce que je veux faire plus tard.

Gustavo nous a rejointes en levant son verre :

– *Por esta noche!*

Oh, que oui, à cette nuit ! Et j'espérais qu'il y en aurait tout un tas d'autres identiques.

– Mais maman, ça, je le sens, c'est vraiment ton univers, avec les ambiances yoga et méditation, tu dois t'ennuyer, non ?

– Non, j'aime ça aussi.

– T'aimes vraiment les clochettes, la flûte de pan et le chant des baleines ?

– Tout dépend *del contexto* !

Rires.

Comme à chaque fois qu'elle maîtrise un sujet, Val m'a généreusement raconté que le côté aérien de l'électronique l'avait toujours attirée.

– Même à dix-huit ans, je n'aimais pas le rock. Trop terrien pour moi. J'étais fan des Talking Heads, des Cure, des B-52's et surtout des créateurs de ce monde-là, le groupe allemand Kraftwerk. Les premiers hommes-machines. Les pionniers de la musique électronique. Dès le milieu des années 1970, ils ont expérimenté les sons et créé des mélodies répétitives à partir de synthétiseurs sur lesquels ils posaient des paroles minimalistes qu'ils chantaient dans plusieurs langues. Ils ont influencé la new wave des années 1980, la house et la techno du début des années 1990. Ils ont marqué tous les DJ d'hier et d'aujourd'hui. « Radioactivity », « Autobahn », « The Robots », « Musique Non Stop », « The Model », « Trans-Europe Express » sont des titres cultes, en tous les cas pour moi. Kraftwerk, c'est l'animisme du béton ! a hurlé ma mère en levant son verre.

– L'ani... quoi ?

– L'animisme, du latin *animus* qui veut dire « esprit, âme ». La croyance qui attribue une force vitale aux objets mais aussi aux éléments naturels.

Même en plein concert, Val s'adonnait à l'enseignement des mots. Elle est quand même grave.

– Ah oui, l'animisme du béton parce que l'électro marque la civilisation industrielle.

Pour une fois, elle n'a pas pris son air complètement ahuri parce que j'avais compris de quoi il s'agissait, elle a juste acquiescé, ravie.

Vraiment en pleine mutation, ma daronne !

– Regarde tous ces gens, Nina, c'est comme une transe collective, tout le monde danse ensemble, nous sommes dans un temple à ciel ouvert, regarde le cosmos ! Ici, le chamane c'est le DJ.

Je me suis demandé si elle n'avait pas fumé en cachette mais j'ai quand même regardé le ciel.

On est retournées danser.

L'animisme du béton, pourquoi pas ?

C'est vrai que tout le monde dansait à la fois seul et collectivement. J'étais bien. Tellement bien que quand les lumières se sont rallumées, je n'ai pas compris. Il était 7 heures du matin. J'avais l'impression d'être là depuis à peine deux heures.

– Merci, maman, je n'oublierai jamais cette nuit.

– J'ai toujours cru que je serais trop vieille quand toi tu commencerais à sortir, mais finalement je ne le suis pas.

J'ai souri et je me suis approchée de Gustavo :

– Merci, merci.

Il a incliné sa tête, genre « de rien, mademoiselle », et on a pris un taxi. Arrivée à la *casa*, je suis directement montée dans ma chambre.

Je ne sentais plus mes jambes.

J'étais épuisée mais, une fois au lit, je ne suis pas parvenue à m'endormir. Les images de la soirée me revenaient et j'entendais encore les sons de Carl Cox.

J'ai posté sur mon FB des photos de la soirée, histoire de me la péter un peu.

Ma mère m'a rejointe, m'a fait un gros bisou en me murmurant qu'elle avait été tellement heureuse de partager ce moment avec moi et s'est endormie.

J'ai pensé à Jésus, à Silvano, à Diego.

Beaucoup à Diego.

Ce garçon était craquant.

Ami ou amoureux potentiel ?

Je revenais toujours à la même question.

Il me regardait et détournait aussitôt son regard. Pourquoi ? Il était chaleureux et distant à la fois. J'avais interrogé Alice par texto. Tu crois que c'est parce que je suis déçue de Jésus que je flashe immédiatement sur le premier garçon hétéro que je rencontre ? Alice avait regardé les photos de Diego et sa réponse avait été rapide : Je ne vois pas trop quelle fille ne flasherait pas sur ce mec !

Merci Alice, ça m'aide vachement !

J'ai fini par m'endormir. J'ai vaguement entendu Val se lever, sans doute pour se rendre aux toilettes puisqu'elle est du genre à se lever quatre fois dans la nuit pour faire pipi.

Ce n'est pas la porte des toilettes que j'ai entendue, mais le grincement de celle de Gustavo.

J'ai attendu.

Val n'est pas réapparue.

Je me suis endormie sur une pensée positive. Elle aurait pu aller écouter Carl Cox juste avec Gustavo, se faire un tête-à-tête en amoureux et lui rouler des pelles toute la soirée, mais elle m'avait proposé de venir.

Son honneur de mère était sauf ! L'honneur de mon « secret » beau-papa aussi. Donc mon équilibre de jeune fille en mal d'amour également, et même si elle avait menti pour l'éditeur barcelonais (elle n'en avait jamais reparlé), je lui pardonnais !

23.

15 heures : réveil. Thé et tartines beurrées. Envie de traîner au lit. Appel de Diego : Silvano était venu sur le spot de skate. Il lui avait parlé. Ils étaient toujours ensemble, et Silvano voulait récupérer son sac et son carnet. Ils se rapprochaient actuellement de Poblenou. Rendez-vous sous la Torre Agbar dans une heure. J'ai appelé Luis et me suis douchée et habillée en moins de quinze minutes. Pendant le trajet, je serrais l'Eastpak si fort contre moi (à l'intérieur cette fois j'avais mis *el cuaderno de dibujos*) que Luis m'a demandé si j'avais peur qu'on me le vole.

Torre Agbar.

On était pile à l'heure. Eux aussi. Les battements de mon cœur se sont accélérés. Je ne savais plus si c'était de revoir Diego ou de rencontrer Silvano. Sans doute les deux. Diego m'a fait son bonjour-bisou-*abrazo* habituel – sauf que pour moi ce n'était pas du tout habituel comme sensation délicieuse.

Je rencontrais enfin Silvano. Il a juste émis un signe de la tête. Il était aussi distant que Diego était chaleureux.

Diego s'est excusé. Il avait promis à un copain de l'aider à déménager quelques meubles, et celui-ci l'attendait. Il a juste pris quelques secondes pour me préciser que ce serait cool qu'on se voie avant mon retour en France. J'ai acquiescé bêtement sans montrer un grand enthousiasme. Trop timide. Je me déteste quand je suis comme ça.

Lorsque nous nous sommes retrouvés tous les trois, Luis a rapidement engagé la conversation avec Silvano pour raconter comment on en était arrivés là. À intervalles réguliers, je saisissais des mots : *el parque de Montjuic, el botellón, la mochila, el cuaderno de dibujos, las redes sociales, su padre.*

Je n'étais pas réellement concentrée sur la discussion. J'étais concentrée sur Silvano. Grand. Très mince. Une liane avec une longue chevelure châtaine ramassée en un petit chignon. Des yeux verts (exactement de la même couleur que ceux de son père, il était bien son fils biologique) qui paraissaient d'autant plus immenses que le visage était émacié et creusé.

Mais ce n'était pas sa maigreur qui me troublait. J'avais d'abord cru que les dessins étaient ceux d'une artiste, puis Diego nous avait appris qu'il s'agissait d'un artiste et maintenant j'avais en face de moi une personne dont je ne savais pas si je devais dire « elle » ou « lui ».

Le maquillage et notamment le mascara vert n'étaient

pas à une amie mais à lui. Il se maquillait pour ressembler à la personne qu'il était réellement ?

Silvano a surpris mon regard.

Gênée, je me suis concentrée sur les paroles de Luis. Il parlait de Maria-Dolores, la *vecina* (voisine), de mon zoom sur un *dibujo* jusqu'à identifier *su firma* (sa signature) XYX. Puis *del mensaje* (le message) de Diego qui avait reconnu ce tag-là et nous avait conduits jusqu'au spot de skate.

Plus Luis égrenait notre *story* et plus je me sentais examinée par Silvano qui se demandait qui j'étais réellement. Je me sentais mal à l'aise. Je ne savais pas quelle attitude adopter. Silvano était un garçon mais en lui tout résonnait féminin. Et soudain j'ai eu une « illumination ». Son XYX ne relevait pas des maths mais peut-être des SVT et d'une des rares leçons que j'avais retenues. Les hommes ont un chromosome XY et les femmes ont deux XX ! Donc, la signification de sa signature pouvait être deux XX pour la femme et un Y au milieu pour l'homme. Le chromosome qu'il aurait préféré ne jamais avoir, son intrus entre ses deux X ? Son propre ADN ?

Luis a montré à Silvano *los redes sociales* avec les *comentarios* et la centaine de *compartidos* (partages) en Espagne, France, Belgique, Irlande et même au Honduras et un peu à Cuba. Silvano a lu beaucoup de *comentarios*. On était à des centaines de *me gusta* (j'aime). Silvano n'en revenait pas et m'a enfin adressé directement la parole :

– *Gracias, Nina, gracias por todo.*

– À part me bourrer la gueule et embarquer ton sac, je n'ai pas fait grand-chose.

Traduction de Luis et, pour la première fois, un vrai sourire de Silvano.

– *You speak english?*

J'ai acquiescé et là, dans un anglais plutôt très courant (décidément, les Espagnols se débrouillent en anglais bien mieux que la plupart de mes copains, mais niveau français ils ne sont pas meilleurs que nous en espagnol !), il m'a demandé pourquoi j'avais fait tout ça pour lui. Il ne comprenait pas ma motivation. Je lui ai expliqué que je m'étais sentie fautive d'avoir pris ce sac, c'est pourquoi j'avais cherché son propriétaire. Mais bon, peut-être que sans ces dessins qui m'avaient troublée, je n'aurais rien fait de plus que désigner le sac à dos sur les réseaux sociaux. Mais là, vraiment, je ne pouvais pas repartir en France avec les dessins. Et puis aussi, vu mon niveau « tête à Toto » en dessin de personnages, j'avais envie de rencontrer quelqu'un de si doué et de lui rendre ses œuvres !

J'ai eu droit à un second sourire. Il semblait m'apprécier plus que quelques minutes avant. Ouf.

Silvano m'a expliqué que j'avais pris le sac à dos le soir où il s'était engueulé avec son père. Il devait retrouver un ami à Montjuic. La batterie de son téléphone était à plat et il n'avait pas trouvé son pote. Il avait vu tous ces jeunes en plein *botellón* et lui aussi s'était mis à boire plus qu'il n'aurait dû. Après, il ne savait plus trop. Il avait dû s'écrouler et, quand il s'était réveillé, il n'avait plus son Eastpak.

Je le lui ai tendu. Il l'a ouvert et y a pris son cahier de dessin. Il l'a feuilleté un long moment avant de le refermer puis de me poser des questions sur son père. Que m'avait-il dit exactement ? Et Maria-Dolores, la voisine ? J'ai essayé de répéter mot pour mot ce que Jésus m'avait traduit quand on y était. J'ai conclu par les mots de la voisine sur son hospitalisation.

– Maria-Dolores a toujours été gentille avec moi. Elle vous a dit pourquoi mon père avait fait ça ?

– Elle nous a dit que tu nous le dirais.

Il y a eu un moment de silence.

– Je ne suis pas né dans la bonne enveloppe. Je veux juste retrouver la bonne. Vous comprenez ?

Sans se regarder, Luis et moi on a acquiescé. Silvano n'était pas né non plus avec le bon état civil. Une femme née dans un corps d'homme avec un M pour la catégorie sexe sur ses papiers d'identité.

– Quand j'ai enfin trouvé le courage de dire à mon père que je voulais suivre un traitement, il m'a fait hospitaliser. Quelques jours après, le psychiatre lui a certifié que je n'avais aucune maladie mentale. Il fallait m'aider à devenir celui que j'étais réellement, celui que je ressentais être. Mon père n'a rien voulu entendre. Le soir même, après être rentré à la maison, il m'a demandé de choisir. Soit je restais son fils et il restait mon père. Soit je devenais une fille mais je ne serais jamais SA fille et je devais quitter la maison.

J'ai eu envie de pleurer. Silvano a vu ma tristesse et, comme s'il s'en voulait d'avoir plombé l'ambiance, il nous a lancé un large *gracias* en désignant le sac et s'est éloigné à grandes enjambées.

Avec Luis, on s'est regardés. Mal à l'aise. On ne savait pas si on devait le suivre, le retenir. Tout a été trop vite. Silvano avait déjà disparu, pour qu'on puisse retourner à notre petite vie bien tranquille. C'était tellement injuste et violent, ce qui lui arrivait. Luis était déprimé. J'étais déprimée. On avait été nuls. On n'avait pas su lui parler. On lui avait juste rendu son *cuaderno de dibujos* alors qu'il était confronté à de véritables problèmes de survie. On avait été incapables de lui proposer notre aide.

Luis n'avait aucune envie de rentrer chez lui.

Je n'avais aucune envie de rentrer chez Gustavo.

Des centaines de gens de tous âges déambulaient dans la rue, comme si personne n'avait envie de rentrer chez soi. J'ai envoyé un texto à ma mère. J'ai obtenu la permission de minuit. Elle était vraiment en mutation totale et surtout en pleine « intimité », puisque Garance n'était pas là. Notre seule obligation était de rester dans Poblenou et que Luis me raccompagne jusque devant la porte.

On s'est installés sur la terrasse d'un Libanais. Houmous, pain et fallafels. Bière pour Luis et soda pour moi. Encore un soir où il valait mieux que j'oublie les calories. J'aviserais demain.

On a longtemps parlé de Silvano. On avait besoin d'informations sur le sujet. On a lancé toutes sortes de recherches sur le Net avec des phrases comme « je suis né garçon et je me sens fille ». Il y avait beaucoup de liens.

La plupart expliquaient que, lorsqu'un enfant naît, c'est son sexe qui définit son genre. Il sera marqué sur ses papiers d'identité. Masculin ou féminin, garçon ou fille. Mais il y a certaines personnes pour qui le genre de naissance ne correspond pas à celui de leur ressenti. Ce sont les personnes transgenres ou transidentitaires (avant, à l'époque où ma mère fumait dans les trains, on employait le terme « transexuel »).

Pour devenir la personne qu'elle est au plus profond d'elle-même, la personne trans va devoir affronter la famille et la société, subir couramment des agressions verbales (et parfois physiques) de la part de gens qui n'y comprennent rien. Ça, vu la situation de Silvano, on l'avait intégré.

On a lu des témoignages de transgenres qui s'étaient, comme Silvano, retrouvés virés de chez leurs parents quand ils avaient annoncé vouloir passer à leur transformation physique. Certains racontaient comment, isolés, ils étaient tombés dans la drogue et la prostitution. Les cas d'automutilation étaient fréquents (faire souffrir ce corps qui n'est pas son vrai corps), comme les cas de suicide.

Qu'est-ce qu'on pouvait faire pour aider Silvano ?

Qu'est-ce qu'on devait faire ?

Luis a repris une bière et moi un petit gâteau à la semoule et au miel. J'avais besoin de réconfort. Luis m'a proposé d'appeler Jésus pour avoir son avis, en soulignant au passage qu'on n'allait pas non plus continuer à se faire la gueule.

Non, effectivement, et Jésus aurait sans doute un raisonnement plus pragmatique que le nôtre.

On n'a pas été déçus. Et d'un, Jésus a fait comme si le ton n'était jamais monté entre nous, et de deux, il a estimé que nous étions tous les trois dans l'incapacité d'aider Silvano matériellement. Or c'est ce dont il avait le plus besoin aujourd'hui. Se loger et manger. Pour Jésus, il existait forcément des associations qui prenaient en charge des transgenres dans ce type de situation, comme il en existait pour les gays. Il se chargeait de la recherche.

Comment Jésus faisait-il pour être toujours aussi carré ? C'était l'habitude d'assumer le quotidien avec sa mère, voire à la place de sa mère depuis son plus jeune âge ?

Il nous a dit qu'il rentrait le lendemain à Barcelone avec Zaouïa et Garance, et qu'il espérait bien me voir. Moi aussi.

Luis a repris une bière et, pour la première fois depuis notre rencontre, il s'est mis à parler de lui. À chaque fois que je lui avais posé des questions relevant de son intimité, il avait esquivé, changeant habilement de sujet, mais là, on ne pouvait plus l'arrêter. Il a commencé par me raconter que, lorsqu'il avait compris qu'il était gay, ça avait été une si mauvaise nouvelle qu'il ne l'avait dit à personne.

– Pourquoi c'était une mauvaise nouvelle ?

– Parce que même si les choses ont évolué, tu sais qu'à partir du moment où tu es différent, ça va être problématique. À un moment ou un autre, tu devras faire face à du mépris, à des insultes, peut-être même à de la violence. Donc, je ne disais pas que j'étais gay parce que j'espérais que ça allait passer. J'ai même continué à sortir avec des filles. Je me suis forcé à le faire. Évidemment, ce n'est pas passé et j'ai continué à avoir une double vie. La vie d'apparence et ma vraie vie. Et puis il y a un an, ma sœur m'a dit : « Luis, si tu es gay, tu peux me le dire, je t'aimerai toujours autant. Tu resteras toujours mon petit frère adoré. » Ça m'a fait un bien fou de pouvoir enfin en parler avec elle. Mais je lui ai demandé de ne rien dire à nos parents. Je crois que je leur dirai lorsque je ne vivrai plus avec eux. Je sais que ça va leur causer de la peine et sans doute de la honte d'annoncer ça à toute la famille au Honduras.

– Okay, ça ne va pas leur faire plaisir mais ils ne vont pas te jeter dehors.

– Nina, Silvano n'est pas juste gay. Il est trans. Il a dû essayer de refouler au maximum et puis, n'y arrivant plus, il a fini par le dire à ses parents... Tu connais la suite de l'histoire. J'imagine ses parents, comme j'imagine les miens. Les miens qui doivent faire le deuil d'un fils qui ne va ni se marier ni leur donner une descendance, alors que je suis le seul fils, et dont il faudra accepter un jour le compagnon dans les réunions de famille. Les parents de Silvano ont eu un bébé garçon et ont aujourd'hui une jeune fille. Sans excuser leur réaction, on peut quand même dire que ce n'est pas évident.

J'ai pensé à mon père. Il m'a filé son virus du rugby (d'ailleurs, celui qui a inventé les règles de ce sport est encore plus un gros malade mental que celui qui a inventé l'orthographe française).

À Dublin, on va toujours voir les matchs ensemble et quand je me lève en hurlant pour un essai qui n'a pas été transformé, il me dit que je suis à la fois la fille et le fils dont il rêvait !

M'aurait-il dit que j'étais son fils rêvé si je m'étais sentie garçon ?

24.

J'aurais pu m'en douter, quand j'ai poussé la porte d'entrée de chez Gustavo, ma mère rigolait dans la cour avec son « ami ». Ce type était vraiment une brigade du rire à lui tout seul !

Entre deux gloussements bien gras, elle m'a bombardée de questions sur Silvano. Elle était émue par son histoire et je lui ai confié à quel point je me sentais nulle de ne pouvoir l'aider alors qu'il en avait tant besoin. Val s'est ralliée à la solution de Jésus : rechercher une association d'aide aux transgenres qui puisse le prendre en charge.

On s'est souhaité bonne nuit. Encore une fois je me suis dit que sa nuit allait être meilleure que la mienne et que sans doute elle ne la passerait pas entièrement avec moi.

J'avais trop envie de lui dire : « Mais, vas-y, éclate-toi, ne vous gênez pas pour moi, arrêtez de me prendre pour une gamine, ça fait longtemps que j'ai compris et intégré que mes parents ne vont pas se remettre ensemble, et franchement je me souviens trop de comment ça gueulait entre vous juste avant la séparation, aucune envie de réentendre ça. » En fait, je leur ai juste souhaité une très bonne nuit.

Direction la salle de bains pour me démaquiller et me brosser les dents.

J'ai aussi eu envie d'une légère douche. Pour être légère, elle l'a été puisqu'il ne coulait qu'un vague filet d'eau tiède. Je me suis observée dans la glace.

C'est quoi être une fille ?

C'est quoi être un garçon ?

Une fille n'est-elle pas censée aimer les voitures et le foot ? Et un garçon, pas censé aimer le rose et la danse classique ?

On est plus fille parce qu'on met du vernis à ongles et du rouge à lèvres ? On est plus garçon parce qu'on a des muscles et une barbe ?

Et celui (femme ou homme) qui justement aime des choses que son genre n'est pas censé aimer, il n'est pas normal ? Où est la limite, et qui la fixe ? Toute personne qui se comporte de manière atypique pour son genre serait-elle trans ?

Moi, Nina, un peu plus de quinze ans mais pas encore seize, en quoi est-ce que je me sens « fille » ? Parce que j'aime le gloss, les bijoux (surtout les bracelets), les fringues, les vernis hyperflashy et les garçons, même si très clairement je n'ai pas la main avec eux ?

Être une fille, c'est aimer les garçons ?

Non, l'identité de genre ne se définit pas par l'orientation sexuelle. On peut être une fille à part entière et avoir une attirance pour les filles ou même aimer les filles et les garçons.

Être bisexuel ?

Ça doit laisser plus d'opportunités de trouver l'âme sœur. Tiens d'ailleurs, pourquoi on ne dit pas « l'âme frère » ?

Je suis remontée me coucher. Message de Jésus. Il m'envoyait l'adresse d'une association qui s'occupait des jeunes transgenres et me disait à demain. J'étais contente à l'idée de le revoir. Même si j'avais aussi très envie de revoir Diego. Il était 3 heures du matin. J'ai mis mon téléphone en mode avion. J'ai éteint la lumière. Je n'entendais plus ma mère rire. C'était déjà ça. J'ai repris mon téléphone, envie de parler à papa. J'ai envoyé un message. Pas de réponse. Il devait dormir ou lui aussi être occupé à autre chose...

Les parents s'éclataient pendant que leur fille restait seule et culpabilisait de ne pas avoir su aider un être rejeté par sa famille.

Du salon s'échappaient les sons minimalistes et remixés de Kraftwerk. Val était en plein *revival* de ses vingt ans.

J'ai entendu « Trans-Europe Express ». Pour moi, cette fois-ci, c'était plutôt « Trans Barcelona Express ».

J'ai fermé les yeux et, quand je les ai rouverts, le soleil éclairait la pièce et Garance était allongée à mes côtés, concentrée sur son best-seller de l'été, *Mes mille premiers mots en espagnol*.

Dès qu'elle a noté mon passage en phase éveillée, elle a attaqué :

– Tu sais comment on dit « se réveiller » en espagnol ?

– Tu sais comment on dit « oublie-moi » ?

– J'en ai marre. Toi et maman vous faites la fête toutes les nuits et quand j'arrive vous dormez encore et Gustavo veut me coller chez la voisine.

– Et alors, t'adores t'amuser avec les plus petites que toi !

– Comment veux-tu que je m'amuse ? Elle a six ans. Elle connaît deux mots d'anglais et pas un seul de français.

– Mais toi tu connais plein de mots d'espagnol, t'es presque trilingue, non ?

– T'es pas drôle, Nina.

Elle est sortie de la chambre en pleurnichant. J'ai culpabilisé. Je suis descendue. Je l'ai prise dans mes bras.

– Excuse-moi, Garance, c'est vrai que c'est pas cool pour toi. T'es rentrée comment ?

– Avec Jésus et Zaouïa en train, je suis pas rentrée toute seule. La grand-mère est revenue mais elle peut pas trop bouger. Pilar est restée au *pueblo* avec elle. Elle pourra pas venir pour voir maman.

– Il est où, Jésus, maintenant ?

– Chez Montse, il a dû t'appeler.

J'ai allumé mon portable, qui contenait en effet plein de nouvelles informations. Jésus avait appelé l'association. Un des permanents, Juan, était là tout l'après-midi et nous proposait de passer. Il avait fait ses études à Toulouse et parlait super bien le français.

J'avais aussi un message de Diego. Ô bonheur ! Il me demandait ce que je faisais *por la tarde*. Mais c'est quoi exactement *la tarde* pour les Espagnols ? Après la *mañana* (matin) et avant la *noche* (nuit) ? Une large plage horaire qui se situerait après le déjeuner, dans les 15 heures et même voire 16 heures et avant 20 heures voire même 21 heures ? Pour simplifier, *la tarde* se situe entre les deux repas car il n'y a pas de « soir », en langue espagnole, on passe directement à la *buena noche*.

Tout en me préparant, j'ai répondu à Diego, promettant de le tenir au courant en sortant de l'association, et aussi aux questions de Garance au sujet de Silvano.

– Nina, tu veux dire que Silvano est un travesti ?

– Si pour toi un travesti c'est juste un homme qui se déguise en femme pour faire la fête, non, Silvano n'est pas un travesti.

– Alors, il est... quoi ?

Je me suis posée deux minutes et j'ai expliqué à Garance tout ce que je savais sur le sujet depuis hier. Elle qui comprend plutôt vite en général, là, elle m'a regardée comme si je lui parlais une langue inconnue – une expression totalement inhabituelle chez elle.

À l'école, Garance reçoit les éloges de l'enseignante, comme si les félicitations n'étaient pas un concept assez fort pour souligner sa vivacité d'esprit et son appétit de savoir ! Oui, Garance trouve cela plus rigolo de ne pas toujours terminer les pluriels des mots en « ou » avec un « s » et tout à fait normal de devoir les apprendre par cœur.

– T'as pas une photo de lui ?

– Non, excuse, j'allais pas non plus le photographier comme une bête rare, on n'est pas au zoo.

– C'est pas ce que je voulais dire. Mais comment il fait pour vivre ?

– C'est compliqué. Surtout quand ta famille refuse de t'accompagner dans cette transformation et estime que tu es dingue et t'envoie devant des psychiatres !

– Oh le pauvre... Mais plus tard, Silvano, il va être amoureux d'un garçon ou d'une fille ?

– J'imagine que c'est comme pour nous, comme pour les personnes qui ne sont pas trans, tu peux être homo ou hétéro.

Garance s'est longuement observée dans la glace.

– Tu... tu crois que ça peut m'arriver... que je peux devenir un garçon...

– Non, Garance, je ne crois pas. Tu l'aurais déjà senti et tu ne serais pas aussi à l'aise dans ton corps !

– Ça veut dire quoi, être à l'aise dans son corps ?

J'ai soupiré. La plupart de mes amies et moi on est fâchées avec notre corps et nos hormones, et pourtant on n'a pas de trouble du genre. Mais bon, ce n'était pas le moment de rentrer dans ce type d'explication avec ma sœur, en fait c'était juste le moment de filer à l'association, ce que j'ai fait.

25.

Devant le bâtiment de l'association, Jésus et Luis m'attendaient. On a fait la connaissance de Juan. Effectivement il possédait un français impeccable et, comme Luis, cela lui faisait plaisir de le parler.

Avant de s'exprimer, il a surtout écouté notre histoire puis a demandé à voir les dessins et le tag de Silvano. Il les a observés avec beaucoup d'attention et nous a confirmé que, à travers ses dessins, Silvano racontait bien un trouble du genre.

– Il faut qu'il sache qu'il n'est pas seul. Il faut que vous le retrouviez au plus vite. Nous avons des systèmes d'aides et d'hébergement.

– Pourquoi Silvano n'est pas déjà venu voir une association comme la tienne ? j'ai demandé. C'est facile avec Internet, on vous a trouvés en quelques minutes !

– Pourquoi, Nina ? Parce que toi tu réfléchis comme une adolescente bien dans sa peau (c'est bien la première fois qu'on me disait ça !), tu te dis que la problématique qui se pose aux trans est d'ordre social, ce n'est pas une maladie et ce n'est pas leur faute s'ils ne sont pas nés avec le bon sexe à la naissance.

– Oui, c'est exactement ce que je pense.

– Pas Silvano. Il est dans la culpabilité. Il se dit qu'il a fait du mal à sa famille et qu'il ne mérite pas de vivre. Il faut lui parler de notre association et le convaincre de venir. Dites-lui simplement que vous avez perçu sa détresse et que vous êtes venus nous voir. Voici mon numéro. Vous pouvez m'appeler, il peut m'appeler à n'importe quelle heure du jour et de la nuit.

– Mais après, qu'est-ce qui va se passer pour lui ? a demandé Jésus.

– Ça dépend de lui. Le plus souvent, le trans entreprend un parcours médical qui peut commencer lors de la puberté. Son évolution physique sera inhibée au moyen de médicaments appelés bloqueurs de puberté qui vont arrêter la féminisation ou la masculinisation naturelle du corps. Cela lui donnera le temps de réfléchir vraiment à ce qu'il veut être plus tard. S'il veut vraiment réaliser le changement. Mais comme vous m'avez dit que Silvano a dix-huit ans, sa puberté est déjà faite. Sa décision maintenant, c'est de prendre ou pas des traitements hormonaux. Dans son cas, des œstrogènes qui vont féminiser son corps. La peau devient plus douce, la poitrine grossit, etc. L'hormone qui masculinise le corps est la testostérone, la pilosité augmente, la peau devient plus épaisse...

– Et la chirurgie ? a questionné Luis. Ça vient après les hormones ?

– Les identités transgenres sont multiples et entraînent autant de parcours différents. Certaines personnes trans ont une identité de genre clairement définie comme masculine ou féminine. Moi, je suis un homme né dans un corps de femme et j'ai suivi tout le processus jusqu'aux actes chirurgicaux. Mais d'autres personnes trans se situent en dehors de ces catégories et refusent toute intervention chirurgicale qui transformerait le corps de façon irréversible.

– Je ne comprends pas, a dit Luis. Certaines personnes trans ne se sentent ni femme ni homme, ou un peu les deux à la fois ?

– Oui, comme un troisième genre. D'ailleurs, certains pays reconnaissent un troisième sexe officiel « X », en plus de femme « F » ou homme « M ».

– Donc le X de son tag viendrait de là et non des chromosomes mâles ou femelles ? j'ai demandé.

– Peut-être. En tous les cas, tu peux lui poser la question.

J'ai dû faire une drôle de mimique parce que Juan a aussitôt ajouté :

– Qu'est-ce qu'il y a, Nina, tu n'oses pas être avec lui comme tu es avec d'autres jeunes qui ne sont pas trans ?

– Pour être honnête, hier, j'ai éprouvé une gêne face à lui... comme un truc qui clochait... C'était vraiment étrange.

– Moi aussi, a dit Luis. Je savais pas comment m'adresser à Silvano, comment me comporter.

– C'est normal. Quand on n'a pas l'habitude, rencontrer une personne trans peut être déstabilisant. Je me souviens que lorsque j'étais encore une fille, les gens me regardaient avec un certain malaise. Ils ont besoin d'être rassurés, de savoir s'ils doivent dire « il » ou « elle », sinon ils ne savent pas comment se comporter. Une fois que j'ai été opéré et que je suis devenu officiellement un individu de sexe mâle, les gens m'ont regardé normalement. Ils se sentaient mieux avec moi et je pouvais donc être plus à l'aise avec eux.

– En fait, a poursuivi Jésus, t'es en train de nous dire que, lorsque le changement physique a été réalisé et que l'état civil a été modifié, la vie des personnes trans est beaucoup plus facile. Mais, paradoxalement, c'est parce que Silvano a essayé de dire à son père qu'il voulait aller vers une véritable transformation qu'il s'est retrouvé en HP puis à la rue…

– Malheureusement, le cas de Silvano n'a rien d'exceptionnel, mais sachez que plus il y aura de personnes comme vous, des personnes cis sensibles aux personnes trans, plus les mentalités évolueront et plus les personnes trans pourront vivre facilement.

– Cis !?

Ouf, même Jésus ne savait pas ce que c'était.

– Une personne cis ou cisgenre est une personne qui se reconnaît dans le sexe qu'elle a reçu à la naissance, contrairement à une personne trans qui s'identifie à un genre différent de son sexe de naissance.

– Ah oui, OK, « cis » qui en latin signifie « du même côté », a ajouté Jésus.

Juan a acquiescé et j'ai senti que les connaissances de Jésus l'impressionnaient.

– Vous avez d'autres questions ?

J'en avais une. Juan avait été explicite sur le fait qu'un transgenre peut-être homo, hétéro ou bi, comme une personne cis, mais côté pratique, il n'avait rien dit. Est-ce que par exemple il avait un faux sexe qui fonctionnait comme un sexe naturel, est-ce qu'il avait du plaisir ? Et celui qui devenait femme, il pouvait aussi faire l'amour normalement ?

Je me suis dit que je me renseignerais plus tard, que Juan nous avait déjà accordé pas mal de temps et que le plus urgent était de retrouver Silvano.

Une fois dehors, j'ai pris l'initiative de téléphoner à Diego pour lui demander de nous aider, cela me permettait de conjuguer mes propres intérêts avec ceux de Silvano, aurait précisé Alice.

Oui, j'avoue.

Diego a compris l'urgence de la situation. Il a proposé qu'on passe au spot de skate. Il y aurait peut-être des informations à glaner. Ce Diego était *régnial*, et la chance de mon côté : Luis ne pouvait pas m'accompagner. Il allait travailler à la *chiringuito* de ses parents, et Jésus devait rentrer s'occuper de sa petite sœur et sans doute un peu de Montse. Il me rejoindrait plus tard. Traduction : ma première fois seule avec Diego.

À l'intérieur de moi, ça s'agitait en tous sens.

Trente minutes plus tard. Sortie du métro. Diego m'attendait, super-cool comme à son habitude. Alice aurait dit : « C'est le genre de mec tellement détendu que s'il tombe il se relève pas. »

Son *abrazo* était très chaleureux. J'étais troublée, presque timide, mais fière de moi : ça ne s'est pas vu.

On a marché jusqu'au spot de skate. Sujet de conversation : Silvano. Sur le lieu, Diego a parlé avec un groupe de graffeurs. L'un d'eux nous a dit que Silvano n'avait plus de portable, ses parents lui avaient coupé son abonnement. Et pour l'endroit où il aurait trouvé refuge, il ne savait pas trop, mais des copains allaient arriver et pourraient peut-être nous renseigner.

On s'est calés dans un coin avec Diego. Sans le décider, on a fait de l'*intercambio* et, entre son anglais moyen et mon espagnol nul, on a beaucoup ri. On a parlé de Cuba, de Barcelone, de Paris, de nos amis, de musique, de mon père, de l'Irlande. J'avais l'impression d'être aussi niaise que ma mère en face de Gustavo et ça m'agaçait de me comparer à elle dans un moment pareil.

Je me sentais en confiance avec Diego. La sensation qu'on se connaissait depuis longtemps.

Il adorait l'Espagne, il adorait Barcelone. Pour lui, les touristes ce n'était pas un problème. Quant aux indépendantistes, son père, catalan depuis des générations, l'était.

Sa grand-mère paternelle l'était. Elle avait vécu sous Franco. Jusqu'à la mort du dictateur en 1975, les Catalans avaient été opprimés et n'avaient pas eu le droit de parler leur langue. Alors maintenant, se séparer de l'Espagne et du pouvoir de Madrid, c'était leur vengeance, c'est ce que sa mère cubaine lui expliquait, mais bon, comme à présent sa mère détestait son ex-belle famille catalane, il se méfiait un peu de ses explications là-dessus. On a rigolé et c'est à ce moment qu'il a abandonné l'anglais pour me dire :

– *¿Estas con Luis?*

Petit moment de réflexion. Il me demandait si j'étais avec Luis, donc si Luis était mon petit copain ?

J'étais trop contente qu'il me pose cette question. Ça signifiait peut-être qu'il s'intéressait à moi. Bon, je n'allais pas commencer à interpréter. Stop. Ce qui est certain, c'est que je préférais valider ma réponse en anglais parce que, en espagnol, je risquais juste de m'emmêler les pinceaux, comme on dit.

– *Diego, do you ask me if Luis is my boyfriend?* (Diego a acquiescé.) *Luis is just a friend. A very good friend.*

Grand sourire de Diego.

– *¿Nina, estas soltera?*

Là, ça se compliquait.

Soltera. Solitaire ? Pourquoi il m'aurait demandé cela ? Contexte, au secours ! Célibataire ? Oui, ça c'était déjà plus logique. Mais bon, je n'étais quand même pas certaine à cent pour cent, donc j'ai préféré vérifier mon contexte *in english.*

– *Do you ask me if I'm single?*
– *Yes, are you single, Nina?*
– *Yes, I am.*

Je ne voulais pas me raconter d'histoires mais que je ne sois pas avec Luis, et surtout que je sois *soltera* (donc sans petit copain du tout), semblait enchanter Diego.

Si seulement il avait pu savoir à quel point j'étais célibataire, et surtout depuis combien d'années et surtout à quel point je ne voulais plus l'être !

Il ne m'a pas serrée contre lui mais l'intention dans le regard y était. Et là, enfin, j'ai compris pourquoi, depuis notre rencontre, à chaque fois que nos regards se croisaient, il détournait le sien, comme pris en faute.

Faute de quoi ?

De mater la petite amie de Luis ?

Voilà pourquoi je l'avais senti à la fois proche et lointain. Je lui plaisais. C'était fou. Ça c'était grâce à la disparition de mes bagues. Jamais ça ne me serait arrivé avec elles !

Diego était tellement mignon. Il était là le soir du *botellón*. Heureusement qu'il ne m'avait pas vue en train de vomir.

Parfois j'ai une sacrée chance ! Enfin pas tant que ça, car pile à ce moment-là, Jésus nous a rejoints.

Finie, l'intimité. Place aux présentations. Diego a discuté quelques minutes avec nous avant de rejoindre sa rampe de skate, se demandant sans doute si *estoy enamorada* de Jésus. Puis il est rapidement revenu. Il venait d'obtenir l'adresse d'un immeuble où on avait vu Silvano ces jours-ci. Il essaierait d'y passer dans la soirée.

Avec Jésus, on est repartis. Je n'étais pas encore arrivée au métro que j'avais un message de Diego me demandant si j'étais disponible pour prendre un verre le soir.

Oh que oui, je l'étais ! Et ma mère avait intérêt à être d'accord, sinon je ferais le mur !

Je n'ai pas mis Jésus au courant de ce message. On parlait de Juan et de l'association. Jésus faisait toujours comme si on ne s'était pas pris la tête lors de ma dernière soirée au *pueblo* et moi, pareil. Et surtout, entre lui et moi, c'était comme s'il n'y avait jamais eu le baiser sur le quai de la gare en Inde. Et plus j'y pensais et plus je me disais : « Mais Nina, tu t'es imaginé tout un truc juste pour un bisou ! C'est n'importe quoi ! Tu es tellement sans petit copain que tu délires sec. Tu fais pitié. Fais-moi plaisir, ne délire pas avec Diego. Non, non, promis. Juré... Pfff, comme si c'était mon genre ! »

Évidemment, quand on s'est séparés, Jésus m'a proposé de sortir boire un verre plus tard avec Luis et Montse. J'ai dit que je ne savais pas trop car j'étais un peu fatiguée et j'ai conclu par un vague : « Je te tiens au courant. Embrasse Montse de ma part. »

Il m'a répondu, avec une légère ironie dans la voix et dans le regard, qu'il n'y manquerait pas.

26.

Je suis arrivée chez Gustavo à la fois en pleine forme et un peu stressée à l'idée de sortir avec Diego. Je suis montée dans la chambre. Garance semblait souffrir le martyre. Mais bon, comme elle est archi-hypocondriaque, je me méfie. Rien que l'idée qu'elle puisse attraper une maladie la terrorise et lui fait mal par anticipation. C'est la seule gamine qui, lorsqu'elle a un médicament à prendre, le trouve bon, même s'il est archidégueulasse. Du moment que c'est un médicament, ça la rassure. Elle adore les pharmacies.

– J'ai mal là, trop mal, j'ai un truc là, elle a fait sur un ton de conspiratrice effrayée en remontant son tee-shirt et en me montrant ses petits nénés tout plats.

– T'as quoi ?

– Quand j'appuie, ça fait mal.

– Ça te fait mal comment, j'ai dit en approchant ma main pour toucher.

– Aïe ! Elle a fait un bond en arrière en croisant ses bras sur ses nénés. Ça fait trop mal !

– Garance, laisse-moi toucher.

Elle m'a laissée toucher. J'ai appuyé doucement.

– Aïe, tu fais trop mal, je suis sûre que c'est grave.

J'ai eu besoin d'un moment de réflexion. Elle m'observait avec une certaine tension, comme si j'étais une spécialiste des maladies effrayantes.

– Mais non, ce n'est pas grave, c'est juste le début de la poitrine.

– À dix ans, Nina, c'est pas possible ! Tu dis n'importe quoi !

– Le début des seins, c'est deux, trois ans avant les règles. Avoir ses règles à douze ou treize ans, c'est juste complètement normal.

Pas pour Garance. Son expression a viré à la tristesse et ses yeux se sont humidifiés, quasi au bord des larmes.

Je l'ai prise dans mes bras, c'est fou comme elle peut m'agacer et m'émouvoir :

– Garance, c'est pas triste, c'est la vie.

– Je veux pas avoir mes règles.

– Si tu n'as pas tes règles, tu peux pas être une femme.

J'ai pensé à Silvano.

– Je ne veux pas être une femme...

– ... et tu ne peux pas rester une enfant !

– Quand t'as tes règles, il y a plein de trucs que tu ne peux pas faire !

– Quoi !?

– Aller à la gym, et moi j'adore le sport.

– Non, ça c'est parce que je n'ai pas envie d'aller en EPS et que j'en rajoute sur le mal au ventre.

– C'est pas bien de mentir !

– Garance, s'il te plaît, j'ai pas besoin de tes conseils, je fais comme je veux, et là j'essaie juste de t'aider.

– Pardon…

On s'est fait un gros câlin. Évidemment, elle m'a rappelé que maintenant elle avait des nénés et qu'il ne fallait pas que je les lui écrase.

C'est l'histoire de Silvano qui la perturbait au point de faire une fixette sur son embryon de poitrine ? En même temps, elle qui avait eu peur de devenir un garçon, c'était plutôt une bonne nouvelle !

En pensant à son corps qui se modifiait, je me suis redemandé ce que c'était être une femme. On est plus femme parce qu'on a de gros seins ? Si c'est ça, j'ai au moins un truc qui va bien. Mais ça ne répondait pas à ma question. C'est quoi, être une femme ? Si on se laisse les poils sur les jambes, on est moins femme que si on s'épile consciencieusement ? Si on pense beaucoup à son apparence, on est plus femme que homme ? Les femmes sont plus superficielles que les hommes ? Ras-le-bol de tous ces poncifs ! Ce dont je suis sûre, c'est que je suis heureuse d'être une femme mais que je veux aussi pouvoir faire plein de trucs qu'on réserve aux garçons. Même si plus tard on me dit que je me conduis comme un mec, je m'en fiche. Je veux être une femme libre. Nouveau message de Diego : ¿Una copa por la noche? (Un verre ce soir ?)

La femme « libre » que je veux être a quand même demandé conseil à Luis.

– Nina, voyons ! Il te plaît ! Tu lui plais ! Fonce, va prendre un verre avec lui ce soir ! Tu veux qu'il t'arrive quoi ? Arrête de réfléchir. Pense juste que tu n'as plus que deux soirées dans la même ville que lui et *aprovecha* (profite) !

J'ai attendu que ma mère sorte de sa séance de iyengar yoga. C'est vrai que son régime biovégétarien en avait pris un coup (je l'avais même vue manger des spaghettis bolognaises à base de farine blanche et aussi de viande rouge), mais elle tenait bon sur le yoga et la méditation.

Message de Jésus : Alors, tu fais quoi ce soir ?

Je suis retournée voir ma mère. Elle était d'accord pour que j'aille prendre un verre avec Diego à condition qu'il vienne me chercher et me raccompagne à minuit. Elle plaisantait ou quoi ?

– Maman, minuit ici, c'est 22 heures en France, tu le sais bien. Sans compter que Diego doit manger avec ses grands-parents, et qu'à 21 heures ils en seront encore à l'entrée.

– Je sais, mais... on est à Barcelone et...

– Maman, s'il te plaît, en plus il ne parle pas le français, on communique en anglais et en espagnol, c'est exactement ce qu'il me faut.

– Il te plaît ?

– Ça va pas ou quoi, t'as pas le droit de me demander ça ! Je te demande si Gustavo te plaît, moi ?

– Je... je ne vois pas le rapport...

– Eh bien alors, c'est qu'il n'y en a pas.

Silence.

Je me suis félicitée d'avoir utilisé la cartouche Gustavo juste partiellement. Je risquais d'en avoir encore besoin.

D'ailleurs, je me félicitais peut-être trop. Fallait que je fasse attention. Ce Diego me donnait trop d'assurance. En même temps, pour une fois, ça faisait un bien fou.

– Bon, et puis... si tu sors le soir comme ça... je voulais déjà t'en parler l'autre soir quand tu es sortie avec Jésus et Montse et...

– Maman, vas-y, tu veux me parler de quoi ? Tu crois que je vais aller boire un verre avec Diego et coucher avec lui ce soir ? Mais faut que t'arrêtes le *vino tinto de verano* !

– C'est pas de ça dont je veux te parler. À ce niveau-là, je te fais confiance, tu le feras quand tu seras prête et dans des conditions qui te paraîtront saines...

– Merci maman, pour une fois que tu ne me prends pas pour la débile du coin. Mais alors, tu es inquiète pourquoi ?

– Nina, tu... tu sais qu'en Espagne fumer de l'herbe ou du shit est légal.

– Tout le monde le sait, et alors ?

– Tu fumes ? Enfin, je veux dire, tu as déjà fumé ?

J'ai réfléchi. Je ne m'attendais pas à cette question, parce que ma mère a des copains qui fument, mon père a des copains qui fument, et que ça n'a jamais été un sujet tabou. Elle-même m'a avoué avoir beaucoup fumé quand elle était jeune. Donc ? Donc j'hésitais entre la réponse d'une fille de quinze ans et demi qui veut rassurer sa maman inquiète, surtout qu'elle est en train de demander à cette maman inquiète de la laisser sortir boire un verre dans la nuit barcelonaise, et la réponse honnête.

Je l'ai regardée, elle attendait ma réponse comme si sa vie en dépendait. Je l'ai trouvée trop mignonne. J'ai opté pour la vérité.

– Oui, maman, j'ai déjà tiré sur un joint comme la grande majorité des ados, en tous les cas c'est ce que les types qui viennent nous informer sur les dangers de la drogue au collège nous ont dit, mais non, maman je ne fume pas, même pas de cigarettes, je préfère la vodka-Red Bull ou pomme pour faire la fête.

– Mais t'en connais qui fument ?

– Évidemment, dans mon collège il y en a même qui fument tous les jours et franchement, quand je les vois perchés en permanence, j'ai pas trop envie d'être comme eux. (Ouf, elle a paru soulagée.) Alors, ma petite maman, maintenant que tu sais que je ne vais pas coucher ce soir avec Diego en étant totalement défoncée, tu me donnes la permission de quelle heure ?

– 2 heures du matin, ça te va ?

– Oui, maman, ça me va. Merci beaucoup.

– Une seule demande : tu me promets, vous restez dans Poblenou et c'est moi qui viens te chercher. Tu m'envoies l'adresse du bar. Okay.

– Okay, merci maman.

Message à Diego : Okay pour ce soir, quelle heure ?

Réponse : 23 heures.

Moi : Parfait. J'ai la permission de 2 heures.

Réponse : Genial. (Petit rappel, prononcer « régnial ».)

Message à Jésus : Je vais boire un verre avec Diego.

Message de Jésus : Où ? On vous rejoint avec Montse.

J'étais un peu perdue. J'avais besoin d'un avis. Je ne voulais pas rappeler Luis et je n'allais tout de même pas demander conseil à ma mère. J'ai été voir Garance. Oui, je sais. J'ai demandé son avis à une gamine de dix ans. Mais bon, sur certains sujets, Garance est ultrarapide (ma mère dit « fulgurante »), et il faut bien que ça me serve aussi un peu puisque sa fulgurance m'agace souvent.

– Nina, évidemment que tu y vas toute seule. Jésus, tu le verras demain.

– Mais Montse et Diego sont copains.

– Et alors, à ce moment-là, dis à tous les copains de Diego de venir aussi !

Pas de doute, elle est fulguuurante !

Message à Jésus : Je ne sais pas trop où on va. On se retrouve tous demain pour ma dernière soirée !

Pas de réponse de Jésus.

À 22 h 45, Diego était là. J'avais essayé toute ma valise pour évidemment sortir comme d'habitude, en short, débardeur et tongs. Ma mère n'a pas été trop lourde avec trois mille recommandations. On est sortis aussitôt. Il est allé récupérer son vélo. Évidemment, un BMX freestyle ultraléger qu'il emportait avec lui dans les transports en commun. Pas de garde-boue. Il m'a laissé la selle. Il est resté debout sur les pédales. On a remonté la Rambla de Poblenou en jonglant entre les jeunes couples avec poussette et les vieux couples avec canne.

Direction la mer. Arrêt : *chiringuito*.

La plage. La lune. Deux mojitos.

On s'est étendus sur le sable et on a parlé de Silvano. Diego passerait vers 3 heures du matin à l'adresse qu'on lui avait indiquée, c'était une bonne heure pour trouver les gens qui rentraient se coucher.

Il voulait savoir ce que je raconterais pour convaincre Silvano d'aller à l'association.

– Je crois que je lui dirais : « Tu ne peux pas arrêter de vivre parce que ton père, aujourd'hui, ne comprend pas qui tu es vraiment. Il y a des gens qui peuvent t'aider à devenir qui tu es réellement. Il faut que tu les rencontres. Tu ne peux pas ne pas essayer. Tout peut évoluer parce que, comme ma mère me le répète souvent car elle est un peu beaucoup bouddhiste, tout est impermanence. Même ton père, dans quelques semaines, mois, années, peut évoluer. » Je lui dirais aussi : « Depuis que je t'ai rencontré, je me suis beaucoup documentée sur le trouble du genre et je sais que c'est compliqué et je sais surtout que seul c'est quasiment insurmontable, mais l'association est là et nous aussi on est là et que tu sois garçon ou fille, ou un peu des deux ou beaucoup des deux, je serai fière d'avoir un (une) ami comme toi, qui se bat pour vivre tel qu'il est réellement. »

Dans son anglais approximatif mais néanmoins totalement compréhensible (*la lengua internacional del corazon*, comme dit Luis), il m'a dit qu'il était pas certain de se souvenir de tout ça, mais qu'il avait l'idée générale.

Et c'est à ce moment précis qu'il m'a saisi la main, qu'il s'est considérablement rapproché de moi, qu'il m'a prise dans ses bras et que j'ai senti sa joue contre la mienne et que je l'ai entendu me murmurer que je lui plaisais beaucoup et qu'il voulait être mon *boyfriend*.

J'ai pensé à Alice. « Je ne peux pas sortir avec toi parce que je dois réviser ma conjugaison espagnole avant la rentrée de septembre. »

Comme je restais silencieuse mais qu'il sentait que j'étais super bien contre lui, il m'a embrassée et là, je me suis juste dit que c'était le plus beau baiser de ma vie (oui, je sais, je n'ai pas une grande expérience). Puis on s'est de nouveau embrassés. Encore et encore.

Le ciel. La nuit étoilée. La plage. Diego. Ses baisers. Le large. La brise. J'avais presque envie que ma mère me voie parce qu'elle me dit que je parle tout le temps et que j'ai toujours un avis sur tout, et là j'étais hypersilencieuse et une phrase qu'elle cite souvent (car elle n'aime pas nager mais elle adore aller se promener à la plage) m'est revenue : « Un regard vers la mer, c'est un regard vers le possible » (Paul Valéry). J'ai chassé ma mère de ma tête et écouté le bruit des vagues.

Diego a voulu savoir qui était Jésus.

Ouh là... comment j'allais expliquer cela...

– *Jesùs es un amigo, no estoy enamorada de el. I met him in India in april. In ashram. My mother loves yoga, meditation and veg meals.*

– *¡Mi mama tambien, la proxima vez, podemos hacer un encuentro!*

– *¡Claro que si!*

1 h 45. Je me suis décollée de lui. Ma mère est souvent ponctuelle mais elle peut aussi être un petit peu en avance, plus rarement en retard.

Elle a été ponctuelle. À 2 heures, elle est arrivée avec Gustavo. Diego et moi, on s'est fait la bise genre copains en se disant à demain. Il partait pour trouver Silvano.

– Vous avez fait quoi ? a attaqué ma mère sur le trajet.

Grrr.

– On a discuté.

– C'est tout ?

– Oui, c'est tout, comme Gustavo et toi, non ?

Elle n'a pas répondu. En fait, elle n'a plus rien dit pendant tout le chemin. Je me suis de nouveau félicitée pour ma cartouche Gustavo. Pas de commentaire. Ou plutôt, *no comentarios*.

27.

Entre le moment où l'on s'est séparés et le moment où je me suis endormie, Diego et moi nous sommes envoyés une vingtaine de textos. Ils répétaient tous la même idée. Tu me manques. *I miss you. Te echo de menos.* Et aussi *te extraño*, qui est si j'ai bien compris la version *te echo de menos* en Amérique latine.

Vers 3 heures du matin, Diego était devant l'immeuble en chantier – dont la construction s'était brutalement arrêtée – où logeaient pas mal de sans-abri cet été-là.

Je me suis endormie.

Le lendemain, Garance a patiemment attendu 11 heures pour me réveiller. Elle voulait mon rapport de la veille. Je le lui ai fait en version comédie amoureuse Disney.

Elle a applaudi !

Ma mère voulait qu'on fasse nos valises maintenant.

J'ai obéi.

J'étais de très bonne humeur, même si je n'avais aucune

nouvelle de Diego. Sans doute son téléphone n'avait plus de batterie.

J'ai quand même noté qu'il restait de la place dans la valise de ma mère et un tout petit peu dans celle de ma sœur.

Je n'ai pas fait de remarques.

Je voulais être zen.

J'ai pensé à Karen, l'enseignante de méditation rencontrée dans l'ashram en Inde. Une sacrée femme libre. À plus de trente-cinq ans, elle avait changé de vie, arrêté sa carrière d'avocate à Copenhague pour s'installer en Inde. Son projet : ouvrir un orphelinat. Karen me répétait souvent : « Sois gentille avec les autres et tu seras plus gentille avec toi-même. » Voilà pourquoi je n'ai pas râlé pour la place dans la valise, même si ça m'énervait sec.

Pas non plus râlé pour la balade obligatoire. Ma mère avait décidé qu'on ne pouvait pas partir sans avoir visité Poblenou. Elle avait précisé que ce serait une balade à la cool entre 14 heures et 17 heures. Quand ma mère insiste autant sur le mot « cool », c'est que ça ne l'est pas tant que ça. Elle avait préparé un gros parcours dans ce quartier qui ne semble pas énorme sur la carte mais qui, lorsqu'on marche, l'est.

Elle a commencé façon guide touristique qu'il ne faut pas interrompre.

– Dès la moitié du XIXe siècle, ce que vous voyez là était le quartier des usines, des fabriques et des manufactures. Puis il a été repensé en 1992 pour les jeux Olympiques. D'un côté, ils ont restauré des bâtiments en conservant un peu partout des cheminées d'usines en brique rouge, de l'autre, ils ont démoli et ont fait appel à de grands architectes pour en construire de nouveaux. Peu à peu, le quartier s'est transformé et l'activité a changé, le tertiaire s'est imposé.

Même si on l'avait déjà vue, Val a voulu qu'on s'arrête un moment devant la Torre Agbar.

Cette tour était marquée par ma rencontre avec Silvano. Je croisais les doigts pour que Diego le retrouve et le conduise à l'association de Juan.

– Elle symbolise le renouveau de l'architecture à Barcelone et d'ailleurs, quand on regarde la ville d'en haut, c'est elle et la cathédrale de la Sagrada Familia, l'œuvre de Gaudí, qu'on voit en premier. Elle a été conçue par Jean Nouvel, un architecte français. Il la décrit comme un « geyser à pression permanente et dosée ».

– C'est quoi un geyser ? a demandé Garance.

– Une source d'eau chaude qui jaillit de la terre, j'ai répondu.

Évidemment, j'ai eu droit au regard de ma mère, « bravo Nina », comme si je lui avais expliqué un mot hypercompliqué ! Heureusement qu'elle n'est pas prof ! On sangloterait de dépit à la fin de chacun de ses cours !

– Ce quartier est une vraie réussite de réhabilitation urbaine, a poursuivi ma mère.

J'ai souri. Ce jour-là, même son ton de guide touristique me plaisait tant j'étais heureuse. J'avais un amoureux. Moi. Nina. J'avais presque du mal à le croire.

J'ai observé les alentours, c'était un mélange de ruelles, de petites rues (où habitaient avant les pêcheurs et les ouvriers) et de larges avenues où l'on trouvait les nouvelles constructions comme le gratte-ciel de l'hôtel Melia Sky. Deux immenses rectangles de verre effilé qui s'élancent vers les nuages. Sensation de porte-à-faux, que ces énormes blocs peuvent s'écraser au sol à tout moment puisque la base du bâtiment n'en supporte qu'un seul. Magnifique.

J'ai bombardé la façade de photos, elle me faisait penser à un vaisseau de verre et d'acier.

Autre gros coups de cœur mais dans le rénové cette fois-ci. L'université Pompeu Fabra. Une ancienne manufacture en brique inspirée de l'école de Manchester (*dixit* ma mère).

Après, on s'est posées dans le parc de Poblenou créé par le même architecte français de la Torre Agbar, Jean Nouvel.

De la rue, on n'aurait jamais pensé qu'il y avait là un jardin urbain (pour employer l'expression exacte de ma mère), car il était caché derrière d'épaisses murailles recouvertes de bougainvilliers.

On s'est écroulées sur un banc.

Diego me manquait. J'aurais tant aimé être avec lui. L'expression « être sur un petit nuage », je la comprenais maintenant.

Je flottais. Même si le temps passait et que je n'avais pas de nouvelles de lui. Il était toujours hors ligne, avait dû passer la nuit dehors et maintenant il dormait.

Je flottais et je paniquais un peu.

Val nous a reparlé de Silvano, elle aussi espérait qu'il accepte l'aide de l'association.

– Parfois je me dis que j'ai quand même réussi à vous transmettre quelques belles valeurs d'acceptation de la différence, a-t-elle soudain conclu.

C'est fou comme Val aime se mettre en avant quand on fait des trucs bien et en retrait quand on fait des trucs limites. Et sans doute que c'est le cas de la plupart des parents. La transmission, quand elle est positive : oui. Mais alors au moindre faux pas, on peut les entendre dire : « Mais enfin, de qui elle (il) tient !!! »

On est enfin rentrées chez Gustavo, Jésus et sa sœur nous y attendaient. *No comentarios* sur ma soirée de la veille avec Diego. Jésus voulait juste que Garance et moi soyons prêtes à sortir à 20 heures pour une soirée surprise.

– Avec Garance, une soirée ? a répété ma mère, non sans une certaine inquiétude dans la voix. Jusqu'à quelle heure et où ?

– Minuit pour les petites, dans un parc.

– Minuit !? Non.

– Val, tu sais bien que lorsque les petits Français sont au lit en train de sucer leur pouce, les petits Espagnols en sont toujours à l'apéro ! a ironisé Jésus.

Oui, Val sait que l'Espagne est en *jet lag* permanent à cause du dictateur Franco. Même mort, il continue de perturber l'horloge biologique des Espagnols.

Explication : l'Espagne est en grande partie située géographiquement sur le fuseau du Portugal et du Royaume-Uni. Or elle est à l'heure de l'Europe centrale depuis 1942, quand le régime franquiste s'est calé sur l'Allemagne nazie avec qui il s'entendait bien. Le fait que le pays ne soit pas dans le fuseau horaire qui lui correspond fait lever la population trop tôt. Dès l'âge de six ans, un enfant espagnol dort en moyenne une heure de moins que son copain français, ce qui fait qu'une fois adulte il a déjà un bon entraînement. À l'heure d'été, les Espagnols mangent à 13 heures, heure solaire, et ils dînent à 20 heures, alors que leur montre indique qu'il est 15 heures et 22 heures. Certains voudraient déjà que leur pays ne passe pas à l'heure d'été pour rejoindre l'horaire britannique et inciter les gens à manger et à se coucher plus tôt.

Ce n'est pas gagné !

On continuera de voir des enfants dehors en été jusqu'à minuit quand leurs parents ont un verre à la main, de la même façon qu'on voit des bébés filles avec les oreilles percées !

Comme Val plébiscite toujours les vacances locales, elle était piégée et surtout très ennuyée. Elle était même tellement ennuyée à l'idée de laisser Garance et Zaouïa dans un parc, la nuit, avec des ados, que j'ai fini par lui proposer de venir avec Gustavo.

– Nina, c'est gentil, mais on va vous gêner…

– Gustavo et toi m'avez invitée à la soirée de Carl Cox. Moi je vous invite à ma dernière soirée. À minuit, vous raccompagnez les petites et moi je reste encore un peu, ça te va ?

Ça lui allait.

Ça allait à Jésus, ça allait à tout le monde.

On voguait en plein bonheur. Nous étions dans la ville du bonheur pour elle et pour moi, car j'imaginais trop qu'une fois les gamines couchées, elle passerait en mode *love* sa dernière nuit avec Gustavo. Il la regardait comme si elle avait vingt-cinq ans. J'étais heureuse pour elle autant que pour moi. Je ne pouvais pas rêver d'un beau-père plus « régnial ». Pas du genre à s'impliquer dans la vie de famille, à aller cafter à ta mère si t'es rentrée deux heures après la fin des cours alors que t'habites à quinze minutes du collège. Son état d'esprit me convenait parfaitement.

Jésus nous a aidées à finir de ranger. Je l'adorais toujours autant mais jamais je n'avais ressenti pour lui ce que j'avais éprouvé la veille avec Diego. « En même temps, avait souligné Alice à qui j'avais tout raconté, tu n'as pas passé une soirée à lui rouler des pelles. Entre un bisou furtif sur un quai de gare et une série de bisous passionnés, forcément, ce n'est pas la même émotion. » Comment Alice peut-elle être aussi logique pour les autres et aussi embrouillée pour elle-même ? Elle dit la même chose de moi !

Luis est arrivé. Et Diego ? Toujours aucune nouvelle. Toujours hors ligne. J'ai imaginé le pire. Il s'était fait agresser la nuit dernière en cherchant Silvano ? Luis m'a rassurée, il avait peut-être juste paumé son portable. Et Silvano ? Diego avait-il lâché l'affaire ?

– Ça ne lui ressemble pas ! a rappelé Garance.

Je les trouvais tous très détendus en ce qui concernait Silvano. Trop. Ils s'en fichaient ou quoi ? Ils avaient déjà oublié que Silvano était en grosse galère. Et si Diego l'avait abandonné, et moi aussi par la même occasion ?

28.

Je n'étais pas au top de ma forme quand on est montés dans le minibus de Gustavo. On a récupéré Montse devant le métro de Poble Sec et là j'ai compris. Direction le parc de Montjuic, celui de ma première « grande bouteille ».

Et… et soudain le temps s'est ralenti alors que les battements de mon cœur s'accéléraient. Diego et Silvano nous attendaient à l'endroit précis du *botellón* où tout avait commencé.

Impossible de différencier les accélérations cardiaques qui étaient pour Silvano de celles pour Diego.

Accolades, bisous, *encantadas* dans tous les sens. J'ai compris aussi que tous étaient au courant pour Diego et Silvano : ils étaient ma surprise.

Ma mère était super-émue de rencontrer Silvano. (J'adore quand elle est comme ça. Ce sont les moments où je suis fière d'être sa fille.)

J'ai profité que tous fassent connaissance pour m'isoler un peu avec Diego. Et là dans son anglais si craquant, il m'a raconté qu'il avait attendu Silvano toute la nuit, sauf qu'il était rentré à 8 heures du matin.

– J'ai essayé de lui répéter ce que tu m'avais dit mais j'étais crevé, je me souvenais plus.

Il a pris ma main dans la sienne. Chaleur. Il m'a alors raconté avoir expliqué à Silvano que j'étais allée voir une association qui accueillait des transgenres et qui pouvait l'aider. Il m'avait promis de le retrouver et de l'accompagner à l'association. Il voulait tenir sa parole car grâce à son tag, grâce à lui, il m'avait rencontrée. Et si Silvano acceptait de rencontrer Juan, on serait moins tristes de se quitter demain.

Diego s'est arrêté et a déposé un bisou « furtif » dans mon cou.

Frissons.

– À 11 heures on était à l'association. Évidemment, j'avais plus de batterie. Donc plus ton numéro.

– Waouh, mais c'est génial, tu es « régnial » !

Sourire.

– Puis je lui ai proposé de nous rejoindre pour ta dernière soirée à Barcelone, parce que sa présence, c'était le plus beau cadeau que je pouvais te faire avant ton départ en France.

– J'ai pas pu refuser, a fait Silvano qui s'était approché discrètement, c'est la première fois que je suis le cadeau de quelqu'un.

Mes larmes montaient. Je suis trop émotive. Même devant un super mauvais film triste, je pleure. Silvano a levé son verre à Garance et à moi. Tous l'ont imité. Garance était trop fière, pour elle c'était comme passer directement de l'étape fin de primaire à la fin du collège. J'ai craqué pour une seconde vodka-pomme. Montse a imité une fille qui gerbe. Elle n'est vraiment pas drôle, cette fille. Dire que Jésus pense que nous avons des points communs !

Diego avait apporté une enceinte Bluetooth. Le rap cubain a envahi l'espace. On s'est tous mis à danser. J'ai croisé le regard de Diego. Je me sentais belle dans ses yeux. J'ai croisé le regard de Jésus. À cet instant-là, j'ai compris. Il était comme soulagé par ma rencontre avec Diego. Il préférait vivre de l'amitié avec moi. C'était comme s'il avait su qu'il ne serait jamais amoureux de moi et qu'il avait refusé de profiter de la situation. Jouer avec moi. Me mentir pour expérimenter sa première fois. Car Jésus fait partie des rares garçons qui assument ne pas l'avoir encore fait.

Diego, je ne sais pas, on n'en a pas parlé.

1 heure du matin, Val et Gustavo sont repartis avec Zaouïa et Garance. Les autres ont juré qu'ils me raccompagnaient chez Gustavo à 3 heures.

Encore de la musique. De la danse. De l'alcool. Je commençais à être un peu saoule. Silvano m'a rejointe :

–Ah non, tu vas pas m'embarquer mon sac une nouvelle fois !

Rires.

– Tu ne peux pas savoir comme je suis heureuse que tu sois là, ce soir, avec nous, et que tu sois allé voir cette association.

On s'est étendus sur l'herbe. On regardait le ciel. Puis il a commencé à raconter, à se raconter :

– Quand j'avais quatre ou cinq ans, dans mes rêves je me voyais en fille. Chaque soir je priais pour qu'au réveil je me sois transformé en fille. Qu'on me transforme en moi-même. J'étais attiré par tout ce qui était jugé féminin mais je ne comprenais pas ce qui m'arrivait. Chez moi j'avais envie de jouer à la poupée mais je n'en avais pas. J'en avais demandé une mais mon père disait que les garçons ne jouent pas à la poupée. Mon père voulait que je sois un garçon viril. Il m'a inscrit à la boxe, au foot. Vers treize ans, j'ai senti que mon corps changeait, qu'il allait vers quelque chose qui n'était pas moi, qu'il ne changeait pas dans le sens de ce que j'étais vraiment. C'était comme si mon corps n'évoluait pas de la bonne façon. Ça a été l'élément déclencheur, j'ai commencé à faire des recherches sur Internet. Je tapais des phrases comme « je suis un garçon et je sens que je suis une fille ». Peu à peu, j'ai lu des témoignages de filles ou de garçons qui vivaient les mêmes choses et j'ai compris que j'étais un transgenre. J'ai compris que j'étais une fille. Sauf que mes épaules devenaient carrées. Je devenais un homme. Et plus ça allait, plus je m'isolais. Je restais dans ma chambre à dessiner ou à écouter de la musique. Au collège, des élèves ont commencé à m'humilier. Le directeur n'était pas ravi d'avoir un gamin avec un trouble du genre dans son établissement, ce qui générait de fait des comportements violents chez certains élèves, mais il comprenait la situation. Régulièrement il les sanctionnait. Mais ça servait à rien. Ils continuaient de m'insulter, sauf que ça se passait en dehors de l'établissement et parfois, certains me balançaient des coups. Le directeur a décidé de convoquer mes parents, toujours dans l'idée de m'aider. Il pensait que je devais être accompagné, mais mes parents ont très mal pris ses explications. J'ai essayé d'en parler à ma mère, de lui dire que je voulais avoir droit aux bloqueurs de puberté. Elle a refusé. Comme mon père, évidemment. Leur fils unique ne deviendrait pas une femme. Ils ont estimé que c'était une excentricité de plus, un caprice, la crise d'adolescence, que ça allait passer. Mais je ne pouvais rien changer à cet état-là. J'ai pourtant essayé d'être un garçon. Mais j'étais trop mal. Je me suis mis à me couper. Je m'entaillais le bras, le pied...

– Mais... pourquoi... C'est horrible !

– Comme ça, j'avais mal à mon corps mais cette fois pour une bonne raison. Mes parents ont décrété que j'étais dingue. Tu connais la suite. L'hôpital puis la rue. Mais maintenant, avec cette association, j'ai la sensation que j'ai un futur. Déjà, j'ai une place dans un foyer. J'ai un abri. Je partage ma chambre avec un autre trans qui est dans la même situation que moi. Merci, Nina. Merci d'avoir tant fait pour me retrouver.

J'ai souri. De nouveau les larmes aux yeux.

– Tu sais, Silvano, sans toi jamais je n'aurais rencontré Diego. Pour la première fois, je ressens quelque chose de fort pour un garçon, alors à mon tour de te remercier...

– Pour la première fois ?

– Oui. Je me voyais déjà vieille fille.

– Je suis vraiment heureux pour toi. Diego est un mec ouvert et sympa. Il se prend pas la tête.

– Promis, tu seras le parrain ou la marraine de notre premier bébé.

Rires.

– Pas de problème. Je peux même être les deux. « Deux en un ! »

Nouveaux rires.

On a rejoint les autres.

– Tiens, j'ai un petit cadeau pour toi, a fait Silvano en me tendant un paquet qui déjà à lui seul était une œuvre d'art.

Le papier d'emballage était tagué de dizaines de XYX. Je l'ai déplié, cela faisait une affiche de XYX. À l'intérieur : *el cuaderno de dibujos*.

On s'est embrassés.

Cette fois, mes yeux dégoulinaient de larmes alors que je le remerciais. Puis je lui ai posé la question qui m'avait pas mal obsédée.

– XYX, ça a à voir avec les chromosomes ? XX pour les femmes et XY pour les hommes ? C'est ça ? Le Y au milieu des deux X. Celui que tu aurais préféré ne jamais avoir ?

– Pas exactement, XX pour les chromosomes femme et Y pour *why*. Pourquoi je ne suis pas né directement XX ?

J'avais trouvé le sens du XX et Jésus avait trouvé le sens du Y. Aucun doute, nous étions amis et complémentaires.

Presque 3 heures du matin. On a rangé nos affaires et pris le chemin du retour. Bus de nuit. Diego a voulu m'embrasser, mais ça me gênait trop devant les autres. Dans mon téléphone, j'ai cherché la phrase de *Bodas de Sangre* que j'avais prise en photo. Je l'ai montrée à Silvano. *Callar y quemarse es el castigo más grande que nos podemos echar encima.* « Se taire et brûler de l'intérieur est la pire des punitions qu'on puisse s'infliger. » Silvano a acquiescé en souriant et en guise de réponse m'a poussée davantage contre Diego. J'ai rougi malgré moi.

Puis grosse tristesse devant chez Gustavo. J'ai promis de revenir vite. Jésus m'a dit que le lendemain il serait à la gare et je n'ai pas pu m'empêcher de souligner :

– OK, mais cette fois tu ne m'embrasses pas.

Là, c'est lui qui a un peu rougi.

Je suis rentrée chez Gustavo. Moins de dix minutes après, message de Diego. Il était devant la porte. Comme tout le monde dormait, je lui ai ouvert. Dans le salon, sur une banquette une place, on s'est endormis collés l'un à l'autre après un millier de baisers.

Ma mère nous a réveillés à 9 heures. Elle a été parfaite. Garance aussi. Elles n'ont posé aucune question. Val a préparé du thé et un *picoteo* mais cette fois avec une énorme salade verte, des tomates et du concombre. Trop bon. J'avais l'impression d'être un chat qui se purge avec de l'herbe à chat. Gustavo, lui, ne devait pas être habitué à autant de verdure parce qu'il ne s'est pas resservi. Ma mère semblait avoir entrepris son retour en détox.

11 h 30. Je devais quitter Diego. On avait convenu de se séparer ici et pas sur le quai d'une gare. Trop triste. Dans la rue, on s'est fait un *abrazo muy fuerte* à l'abri des regards. J'avais le ventre retourné. La tête aussi. J'ai pensé : « Tu as enfin quelqu'un qui te fait vibrer et il habite à plus de mille kilomètres de chez toi, ça va être simple, encore, cette histoire ! »

29.

Ma mère aussi était triste de quitter Gustavo. Très triste. Mais elle avait décidé de le cacher. Elle plaisantait. Trop, vu les circonstances. J'ai eu envie de la prendre dans mes bras. Heureusement je me suis abstenue, de crainte que toutes les deux ne fondions en larmes. Elle et moi avions un amoureux dans la même ville. J'avais trop la sensation de faire comme elle. Grrr. Mais pas d'être elle. Ouf !

Quand allait-elle officialiser sa relation avec Gustavo ?

À la gare, Jésus nous attendait. J'étais heureuse qu'il soit là.

Gustavo a serré fort Garance contre lui, puis il m'a serrée fort en me disant que ça lui avait fait vraiment plaisir de me rencontrer, que ma mère lui parlait tout le temps de moi. Ça m'a touchée. J'ai parfois la sensation qu'elle se fiche un peu de ses filles. Elle s'intéresse à tellement de choses en dehors de nous !

Gustavo m'a aussi dit que je pouvais revenir à Barcelone pour voir Diego quand je voulais. J'étais la bienvenue à la *casa*. Pas de doute. C'est vraiment le beau-père « régnial ». Celui dont toutes mes copines rêvent. Je me demandais quand même comment le côté yoga-zen-veg de ma mère allait s'allier à son côté post-punk sur le long terme, mais bon, à part croiser les doigts, je ne pouvais rien faire. Re-*abrazo*. Re-larmes. Message de Diego via une petite vidéo. Il me disait que je lui manquais, que je lui plaisais, qu'il avait adoré nos moments passés ensemble.

Émotion.

Je ne lui ai pas fait de vidéo, sans doute par timidité, j'ai préféré lui envoyer une cascade de cœurs.

Big bang dans ma tête et dans celle de ma mère quand le train a quitté la gare de Barcelone. Pas dans celle de Garance. Elle avait déjà son Dobble dans les mains. Val et moi on s'est regardées, pas super-motivées.

– Alors, Nina, t'as progressé en espagnol ?

Ma mère n'avait plus rien à voir avec la mère qui dansait avec sa fille devant les platines de Carl Cox. C'était de nouveau l'originale. La maman que j'ai toujours eue.

– Énormément, figure-toi. Et je compte bien progresser davantage.

– Tu sais, si ça t'intéresse, pour élargir ton vocabulaire, pense aussi français d'avant, français ancien.

Ça commençait mal cette proposition, vraiment super mal.

– Qu'est-ce que tu veux dire exactement, maman ?

– Par exemple, le mot français « comestible », quelque chose qui peut se manger, eh bien les Espagnols utilisent le verbe *comer* pour manger. La « vergogne », la honte, les Espagnols disent *vergonza. Intentar*, « intenter », c'est essayer en espagnol, et pour nous, intenter quelque chose, c'est aussi essayer. *Regresar*, c'est revenir en espagnol, et revenir en arrière, en français, c'est régresser ! Et il y en a des dizaines comme ça, c'est super-rigolo.

Comme je n'ai pas explosé de rire, elle a insisté :

– Tu comprends, Nina ?

– Oui, maman, je comprends, et c'est vrai que tous les jours je dis : « Ce plat semble si comestible que, sans vergogne, je vais intenter de le manger ! » Désolée mais je n'ai ni cent vingt ans ni ta culture !

Elle a levé les yeux au ciel comme une ado et j'ai continué :

– Mais je t'assure, maman, je suis vraiment motivée et je veux parler espagnol. Je compte revenir vite à Barcelone.

– Je croyais qu'on ne parlait pas castillan à Barcelone, a-t-elle ironisé.

– Ça dépend avec qui tu es. Quand tu es avec un Cubain, sa langue natale, c'est le castillan !

Val a souri avec douceur. Non, en fait, elle était encore un peu la mère qui dansait avec sa fille devant les platines de Carl Cox en le prenant pour le chamane de la transe collective sous le signe de l'animisme du béton.

Garance a dessiné un cœur avec ses index et ses pouces.

J'ai fermé les yeux : je confirme, c'est bien le verbe *estar* qu'il faut employer quand on est amoureux. Parce que, en ce qui me concerne, je n'étais pas *enamorada* du même garçon au retour qu'à l'aller !

– Et maintenant, on peut faire une partie ? a fait Garance en brandissant son Dobble.

J'ai ouvert les yeux.

Pendant qu'elle distribuait les cartes, je pensais à *Bodas de sangre*, à toute cette histoire qui n'est qu'amour raté, bâclé, écrabouillé. Il n'y a pas une lueur d'espoir. Et j'ai pensé à toutes ces histoires d'amour qui finissent mal et j'ai aussi pensé à toutes ces histoires d'amour qui finissent bien. À l'histoire de mon père et de ma mère, même si elle n'avait pas duré toute la vie, c'était une sacrée belle grande histoire d'amour, ils s'étaient aimés à fond et c'était ça le principal.

– On joue ? a relancé Garance.

Par message, Silvano me disait qu'il rejoignait Juan qui l'attendait pour sa première consultation avec un psychothérapeute spécialisé. Il avait hâte et en même temps un peu peur. Il me demandait si je n'étais pas trop triste de quitter Diego.

Ma réponse : « Si. Mais tellement heureuse de l'avoir rencontré. »

– Nina, on joue !

– Redistribue, Garance !

– Pourquoi ?

– Cette fois, c'est moi qui prends dix cartes de plus parce que, aujourd'hui, c'est moi qui vais gagner. Aujourd'hui je suis invincible ! *GANAR, mi querida, GANAR!*

– Quoi ?

– GAGNER, je vais GAGNER.

Elle m'a regardée un peu bizarrement et elle a repris les cartes. Ma mère s'en est mêlée :

– Moi aussi j'en veux dix de plus.

– Vous êtes pas drôles toutes les deux, tout ça parce que vous avez un amoureux et pas moi. C'est pas juste.

Val n'a rien dit. Ni infirmé ni confirmé, comme on dit.

– Tu sais, maman, on a compris que Gustavo était ton amoureux, a renchéri Garance. Pourquoi tu le caches ?

– Mais... mais... c'est... c'est trop tôt pour en parler.

– Alors c'était aussi trop tôt pour qu'on vienne chez lui, a répliqué Garance.

J'assistais à un échange Garance-Val comme je n'en avais jamais vu. Miss Parfaite se confrontait à sa mère. Ma petite maman ne s'y attendait tellement pas qu'elle ne savait plus comment réagir.

– On a nos secrets de sœurs, pourquoi maman n'aurait pas ses secrets de mère ?

J'ai vu de la sidération traverser successivement les yeux de ma mère et ceux de Garance.

Vlan ! Ni l'une ni l'autre n'étaient habituées à ce que je vole au secours de Val. Et sans doute que maman a croisé mentalement tous ses chakras pour que Garance retarde un peu son entrée dans l'adolescence.

– Bon, on joue, a répété Garance.

J'ai ramassé mes cartes et là, alors que maman vérifiait pour la énième fois son portable au cas où Gustavo aurait laissé un énième message, j'ai pensé : « Mais si, il y a quelques mois, Maman n'avait pas rencontré Gustavo à quelques mètres de la *chiringuito* dans laquelle ils avaient travaillé ensemble vingt-cinq ans plus tôt, on serait directement allées au *pueblo* de la mamie, et Jésus ne serait pas venu (me ?) retrouver (Montse ?) à Barcelone et je n'aurais jamais été à ce *botellón* et il n'y aurait pas eu de *mochila* et de *cuaderno de dibujos* et donc pas de Silvano et de XYX et de Diego… » Waouh. Indirectement, grâce à la « cousine » de Jésus, j'avais rencontré un garçon qui me plaisait vraiment et à qui je semblais plaire vraiment. La fameuse « interdépendance » ! Eh oui, spéciale dédicace à *mi mama*. Chaque chose ou phénomène est le résultat de causes infinies et provoque des conséquences qui seront les causes d'autres phénomènes et ainsi de suite, et j'avais tellement hâte de connaître la suite. *Principalmente* avec Diego (*evidentemente !*).

De la même auteure aux éditions Syros

Bye Bye Bollywood, hors-série, 2017

L'auteure

Originaire de Montpellier, Hélène Couturier collabore en tant que journaliste pigiste à un grand nombre de publications. En 1996, son premier roman, *Fils de femme*, est publié par les éditions Rivages/Noir. Suivent *Sarah* chez le même éditeur puis *L'Homme à la peau foncée* chez Joëlle Losfeld. En 2011, elle signe *Tu l'aimais quand tu m'as fait ?* aux Presses de la Cité qui sera adapté par Jérôme Cornuau pour France 2. Entre-temps, elle a réalisé des documentaires pour la télévision (sur des sujets aussi différents que le rap français, les bisons d'Amérique du Nord ou la censure au Liban) et écrit des scénarios de films d'auteur, de séries policières ou familiales comme *Fais pas ci, Fais pas ça*. En 2017, elle a signé un nouveau roman adulte au Dilettante, *Il était combien de fois*, et le premier opus des aventures de Nina, *Bye Bye Bollywood*, chez Syros.

Loi n° 49.956 du 16 juillet 1949
sur les publications destinées à la jeunesse,
modifiée par la loi n° 2011-525 du 17 mai 2011.

Mise en pages : DV Arts Graphiques à La Rochelle
N° d'éditeur : 10243321 – Dépôt légal : mai 2018
Achevé d'imprimer sur Roto-Page en mai 2018
par l'Imprimerie Floch (53100, Mayenne)
N° d'impression : 92700
Imprimé en France

IMPRIM'VERT

MIXTE
Papier issu de
sources responsables
FSC® C022030
FSC
www.fsc.org